Steinberg
Klausurenkurs Strafrecht BT/2

Lilith Bider

W0195905

Klausurenkurs Strafrecht BT/2

von

Dr. Georg Steinberg

Professor an der Universität Potsdam

2018

C.H.BECK

www.beck.de

ISBN 978 3 406 71793 2

© 2018 Verlag C. H. Beck oHG
Wilhelmstraße 9, 80801 München
Druck: Druckhaus Nomos
In den Lissen 12, 76547 Sinzheim

Satz: DTP-Vorlagen des Autors

Gedruckt auf säurefreiem, alterungsbeständigem Papier
(hergestellt aus chlorfrei gebleichtem Zellstoff)

Vorwort

Komplementär zu dem 2017 in dieser Reihe erschienenen *Klausurenkurs Strafrecht BT/1, Delikte gegen die Person und die Allgemeinheit* enthält dieses Buch Übungsaufgaben zum Besonderen Teil 2 (Vermögensdelikte). Die Aufgaben habe ich sämtlich an der Universität Potsdam als Klausuren in der Großen Übung Strafrecht mit 180minütiger Bearbeitungszeit gestellt; die Bewertungen lagen im Durchschnitt stets im Bereich ausreichend (zwischen 4 und 6 Punkten) bei Misserfolgsquoten zwischen 30 und 50 %.

Man kann in sieben Übungsaufgaben des hier gewählten Umfangs den Prüfungsstoff zum BT 2 nicht umfassend abbilden. Ich nehme aber für dieses Buch in Anspruch, dass es – mit je einem bzw. zwei Fällen für jede große Deliktsgruppe – jeweils zentrale Fragestellungen aufgreift und die typischen Schwierigkeiten im Umgang mit einer jeden Deliktsgruppe aufzeigt.

Die Herausforderung der Klausur in der Großen Übung im Vergleich zu den Klausuren des Grundstudiums besteht darin, dass AT- und BT-Probleme kombiniert bzw. verschränkt werden. Das betrifft auch die hier zusammengestellten Aufgabenstellungen; sie adressieren neben dem jeweiligen BT-Bereich selbstverständlich stets die Konkurrenzen, daneben insbesondere die objektive Zurechnung (Fall 4), Vorsatz und Irrtum (Fälle 1 und 2), den Versuch (Fälle 1, 2, 6 und 7) und die Beteiligung (Fälle 2, 3, 4, 5, 7), wobei es durchaus der allgemeinen Häufigkeit entspricht, dass in diesen fünf Fällen stets (auch) § 25 II StGB ausführlich zu erörtern ist (zu didaktischen Zwecken folge ich diesbezüglich übrigens nicht stets derselben Theorie).

Die Herausforderung der Klausur in der Großen Übung im Vergleich zu den Klausuren des Grundstudiums besteht des Weiteren darin, dass mehrere Delikte bzw. Personen bzw. Problemschwerpunkte zu bewältigen sind. Das gelingt – schlicht mit Blick auf die begrenzte Bearbeitungszeit – nur, wenn man Überflüssiges weglässt und Offensichtliches kurzfasst. Nach meinem Eindruck fällt dies vielen Studierenden schwer, es erfordert nämlich, sich von dem im Grundstudium eingeübten, zunächst auch Unproblematisches ausführlich erörternden Gutachtenstil zu lösen. Die hiesigen Musterlösungen führen dies konsequent vor, und ich möchte die Leserinnen und Leser ermutigen, diese Konsequenz nicht zu scheuen.

Nach meinem Eindruck handhaben Studierende auch das Gliedern und Setzen von Überschriften oftmals allzu schematisch, wodurch sie kostbare Zeit verlieren. Auch hier ist es mein Anliegen, in den Musterlösungen vorzuführen, dass die äußere Textgliederung niemals Selbstzweck ist, sondern ausschließlich dazu dient, den Inhalt übersichtlich darzustellen.

Die hiesigen Musterlösungen sind Klausurlösungen im engeren Sinn, enthalten also keine Belege in Fußnoten; sie sind das, was nach meinem Bewertungsstab mit 18 Punkten zu bewerten ist. Denkt man sich die grau unterlegten Texte weg, die nur Hinweise enthalten, also nicht zur Klausurlösung dazugehören, so ergibt sich ein äußerlich überschaubarer Lösungsumfang. Das zu demonstrieren ist mein Anliegen, dass nämlich die Lösung umso kürzer sein kann, je besser die Gutachtentechnik beherrscht wird.

Was die Literatur betrifft, so finden sich zu Beginn eines jeden Kapitels Hinweise auf aktuelle didaktisch angelegte Einführungstexte sowie auf Übungsaufgaben aus den gängigen Ausbildungszeitschriften. Hinweise zur wissenschaftlichen Vertiefung gebe ich nicht – angesichts das ganz auf das Gutachtenverfassen ausgelegten Zwecks dieses Buches und angesichts dessen, dass sich solche Literatur durch einen Blick in ein Lehrbuch oder einen Kommentar rasch findet. Auch die im vorangestellten allgemeinen Literaturverzeichnis (unten S. XI) aufgeführten Angaben beschränken sich auf didaktisch ausgerichtete Literatur; sie sind zusammengestellt nach dem, was nach meinem Eindruck Studierenden besonders hilfreich ist.

Für ihre Hilfe bei der Ausformulierung der Musterlösungen danke ich Dr. Yao Li und Sarah Bayer, für die kritische Textdurchsicht Dr. Fabian Stam und Florian Jacobi. Wegen der freundlichen Unterstützung von Verlagsseite spreche ich Dr. Klaus Winkler meinen Dank aus.

Potsdam, März 2018   *Georg Steinberg*

Inhaltsverzeichnis

Abkürzungsverzeichnis

Ausbildungsliteratur

1. Lehrbücher

Arzt/Weber/	
Heinrich/Hilgendorf	Strafrecht Besonderer Teil, 3. Aufl. 2015
Eisele	Strafrecht – Besonderer Teil II, 4. Aufl. 2017
Kindhäuser	Strafrecht Besonderer Teil II, 9. Aufl. 2017
Krey/Hellmann/Heinrich	Strafrecht Besonderer Teil Band 1, 17. Aufl. 2015
Küper/Zopfs	Strafrecht Besonderer Teil – Definitionen mit Erläuterungen, 9. Aufl. 2015

2. Fallsammlungen

Beulke	Klausurenkurs im Strafrecht für Anfänger, 7. Aufl. 2016
Beulke	Klausurenkurs im Strafrecht für Fortgeschrittene, 3. Aufl. 2014
Beulke	Klausurenkurs im Strafrecht für Examenskandidaten, 4. Aufl. 2013
Hilgendorf	Fälle zum Strafrecht für Anfänger, 3. Aufl. 2015
Hilgendorf	Fälle zum Strafrecht für Fortgeschrittene, 2. Aufl. 2014
Hilgendorf	Fälle zum Strafrecht für Fortgeschrittene und Examenskandidaten, 2. Aufl. 2016
Hillenkamp/Cornelius	32 Probleme aus dem Strafrecht, 15. Aufl. 2017
Kudlich	Strafrecht Besonderer Teil 1 (Vermögensdelikte), 4. Aufl. 2016 [Reihe „Prüfe dein Wissen"]
Rotsch	Strafrechtliche Klausurenlehre, 2. Aufl. 2016
Schwabe	Strafrecht Besonderer Teil 2, 10. Aufl. 2017 [Reihe „Lernen mit Fällen"]

Kapitel 1. Diebstahl und Unterschlagung

A. Vorbemerkungen

Literatur: Aufsätze: *Kudlich,* Die Wegnahme in der Fallbearbeitung, JA 2017, 428–434; *Kudlich/Koch,* Die Unterschlagung (§ 246 StGB) in der Fallbearbeitung, JA 2017, 184–189; *Kudlich/Oglakcioglu,* „Auf die inneren Werte kommt es an" – Die Zueignungsabsicht in der Fallbearbeitung, JA 2012, 321–326; *Schramm,* Grundfälle zum Diebstahl, JuS 2008, 678–682, 773–779; *Zopfs,* Der besonders schwere Fall des Diebstahls (§ 243 StGB), JURA 2007, 421–426; **Übungsaufgaben:** *Huustein,* „(K)ein Dieb", JA 2015, 351–356; *Heger,* „Die eigenmächtige Vollstreckung", JA 2013, 829–834; *Mitsch,* Original-Examensklausur: „Streit um ein Handy", JA 2014, 592–599; *Steinberg/Müller,* Übungsfall: „Der mutige Mitarbeiter", ZJS 2012, 807–811.

Der „Neunzehnte Abschnitt. Diebstahl und Unterschlagung" enthält **1** zunächst den Grundtatbestand § 242 StGB. Regelbeispiele für den besonders schwere Fall des Diebstahls normiert § 243 StGB, Qualifikationstatbestände bilden die §§ 244, 244a StGB. Auch die Unterschlagung, § 246 StGB, ist ein anspruchsvolles Delikt. Bekannt sein (ohne dass Detailwissen erwartet wird) sollten Ihnen im Übrigen die Normen zum Antragserfordernis, §§ 247, 248a StGB, sowie der Auffangstraftatbestand § 248b StGB.

Der Grundtatbestand des Diebstahls enthält die jeweils anspruchs- **2** vollen Tatbestandsmerkmale „fremd", „Wegnahme" und „Absicht … zuzueignen". Zu § 243 StGB sollte Ihnen neben bestimmten Detailfragen zu den Regelbeispielen insbesondere der Streit um den „Versuch" bekannt sein. Zu §§ 244, 244a StGB werden Kenntnisse zu den strittigen Qualifikationstatbeständen § 244 I Nr. 1 und Nr. 2 erwartet; auch sollten Sie sattelfest im Umgang mit dem 2017 neugeregelten § 244 IV StGB sein.

Die Übungsfälle „Leichte Beute" und „Tierpension Pudelwohl" **3** greifen zentrale und typische Problemstellungen heraus. Ich habe die Aufgaben im Wintersemester 2017/18 bzw. im Sommersemester 2017 als Klausuren in der Großen Übung gestellt.

B. Übungsfall „Leichte Beute"

I. Aufgabenstellung

4   Peter (P) bemerkte, als er um 19.30 Uhr über den Kundenparkplatz eines Supermarktes ging, dass bei einem der dort geparkten PKW die Fensterscheibe auf der Beifahrerseite heruntergelassen war und dass auf dem Fahrersitz ein kleines Etui lag, das, wie P zutreffend vermutete, im Eigentum des Fahrzeuginhabers Egon (E) stand. In der Hoffnung, es handle sich um ein kostbares Lederetui, in dem sich eine wertvolle Armbanduhr befinde, das P gewinnbringend verkaufen könnte, beugte er sich mit dem Oberkörper in das Auto hinein und wollte sich gerade mit der linken Hand an der Lehne des Beifahrersitzes abstützen, um mit der rechten das Etui zu ergreifen, als ihm auffiel, dass die Türen des Autos nicht verriegelt waren. Daher zog er seinen Oberkörper wieder aus dem Fenster heraus, öffnete stattdessen die Beifahrertür, setzte sich auf den Beifahrersitz, ergriff das Etui, verließ das Auto wieder, schloss die Beifahrertür, steckte das Etui in seine Jackentasche und ging zwanzig Meter fort, wo er sich, weiterhin auf dem Kundenparkplatz, hinter einem dort geparkten LKW versteckte und das Etui untersuchte. Er stellte fest, dass es aus Plastik war und einen billigen Schlagring enthielt (d.h. einen Metallgegenstand, der aus einem Griff besteht, durch den die Finger der Faust gesteckt werden, was die Kraft eines hiermit ausgeführten Schlages verstärken soll). Der Wert von Etui und Schlagring zusammen betrug 10.- €. Enttäuscht ließ P Etui und Schlagring fallen und lief weg.

5   Bei alledem hatte ihn Quendolin (Q) beobachtet. Q ging hinter den LKW und steckte Etui und Schlagring ein, um beides zu behalten. Dann entschloss er sich zu folgendem: Er ging zum Auto des E, öffnete die Beifahrertür und schaute unter den Beifahrersitz, wo er ein kleines in Plastikfolie eingewickeltes Paket fand. Dieses nahm er mit, um den Inhalt, falls werthaltig, zu behalten oder zu verkaufen. Er freute sich, als er, nachdem er zu Hause angelangt war, feststellte, dass das Paket 20g Kokain sowie vier aus Kokainverkäufen stammende 50 €-Scheine enthielt.

Bearbeitervermerk

6   Prüfen Sie die Strafbarkeit von P und Q nach dem Strafgesetzbuch!

Die §§ 259–261 StGB sind nicht zu prüfen.

Strafanträge sind, soweit erforderlich, gestellt.

II. Musterlösung

1. Strafbarkeit des P

a) Eine Strafbarkeit des P nach § 123 I Alt. 1[1] scheitert daran, dass das Auto des E kein taugliches Tatobjekt war.

> **Tipp:** Diese Prüfung ist entbehrlich. *Wenn* man § 123 I anspricht, sollte man wegen der unterschiedlichen Struktur der Alternativen (aktives Tun/Unterlassen) die einschlägige durch präzise Zitation adressieren.
7

b) P könnte sich nach §§ 242 I, 244 I Nr. 1 lit. a Alt. 1 strafbar gemacht haben, indem er das Etui und den Schlagring aus dem PKW herausnahm und in die Jackentasche steckte.

> **Tipp:** § 244 ist zwingend <u>vor</u> § 243 zu prüfen, denn § 243 modifiziert den Strafrahmen des § 242, ist also nur zu prüfen, wenn § 242 nicht durch den spezielleren § 244 – mit dessen eigenständigem Strafrahmen – verdrängt wird. Das zu missachten ist ein erheblicher Fehler.
8

aa) Objektiver Tatbestand des § 242 I

P müsste eine fremde bewegliche Sache weggenommen haben. Das 9 Etui und der Schlagring waren bewegliche Sachen.

> **Tipp:** Hier § 90 BGB zu zitieren, ist verfehlt, da der strafrechtliche Sachbegriff nicht dem zivilrechtlichen entspricht, sondern eigenständig ist, was sich schon an der Einordnung der Tiere als Sachen zeigt, die zivilrechtlich keine Sachen sind (§ 90a BGB).
10

Diese Sachen waren dem P fremd, standen nämlich im Eigentum 11 eines anderen, hier des E.

Wegnahme ist der Bruch fremden und die Begründung neuen, nicht 12 notwendig tätereigenen Gewahrsams, wobei Gewahrsam die vom natürlichen Herrschaftswillen getragene tatsächliche Sachherrschaft unter Berücksichtigung der Verkehrsanschauung ist. Was den ursprünglichen Gewahrsam an Etui und Schlagring betrifft, so hatte E, da abwesend, zwar keine unmittelbare Sachherrschaft; allerdings war er im Besitz des Autoschlüssels, so dass das Auto eine ihm zugeordnete Gewahrsamssphäre bildete. Die in dieser Sphäre befindlichen Gegen-

---

[1] §§ ohne Gesetzesangabe sind solche des StGB.

stände, auch das Etui und der Schlagring, hatte er daher, zumal sich auch sein Herrschaftswille auf diese erstreckte, in Gewahrsam.

13 **Tipp:** Das Gegenteil lässt sich hier kaum plausibel vertreten. Gleichwohl wird erwartet, dass Sie den „Gewahrsam" (als anspruchsvolles normatives Konstrukt) sorgfältig definieren, den Sachverhalt im Einzelnen unter die Definition subsumieren und hierbei den Begriff der Gewahrsamssphäre einführen. Oberflächlichkeit an dieser Stelle wirkt sich erheblich negativ bei der Bewertung aus.

14 Mit Ergreifen und Herausnehmen aus dem Auto, spätestens mit Einstecken von Etui und Schlagring in seine Jackentasche begründete P neuen – eigenen – Gewahrsam an den Sachen.

15 **Tipp:** Es ist hier zulässig, den exakten Vollendungszeitpunkt offenzulassen, da er sich nicht weiter auswirkt. Selbstverständlich können Sie ihn auch bestimmen, sollten hierauf allerdings, mangels Relevanz, nicht zu viel Raum verwenden.

16 Dieser Gewahrsamswechsel war auch ein Bruch, erfolgte nämlich gegen den Willen des E. Dass P von Q dabei beobachtet wurde, hindert die objektive Diebstahlsvollendung nicht, da der Diebstahl kein heimliches Delikt ist.

17 **Tipp:** Es ist wohl üblich, Letzteres kurz zu erwähnen, auch wenn es der Sache nach überflüssig ist.

18 P verwirklichte also den objektiven Tatbestand.

19 **Tipp:** Etliche Bearbeiterinnen und Bearbeiter haben übrigens den Sachverhalt, als er in der Großen Übung lief, so interpretiert, dass P zunächst dadurch, dass er zum Hineingreifen in das Auto ansetzte, einen Diebstahlsversuch unternahm, von diesem dann zurücktrat und durch sein folgendes Hineinsetzen ins Auto und Mitnehmen der Beute einen davon zu trennenden vollendeten Diebstahl beging. Das ist deutlich verfehlt, denn P gab seinen Tatplan, die Objekte zu stehlen, zwischenzeitlich nicht auf, sondern entschied sich nur für andere Ausführungsmodalitäten.

bb) Subjektiver Tatbestand des § 242 I

(1) Vorsatz

P müsste zunächst vorsätzlich, das heißt wissent- und willentlich **20** gehandelt haben. Dass das Etui samt Inhalt ein taugliches Diebstahlsobjekt, insbesondere fremd, war, erkannte P. Seinen Wegnahmevorsatz richtete er auch auf das Etui, wobei die Fehlvorstellung über die Beschaffenheit (Leder/Plastik) irrelevant ist. Fraglich ist aber, wie zu bewerten ist, dass P sich als Inhalt des Etuis nicht einen Schlagring, sondern eine Uhr vorstellte. Hierin könnte ein vorsatzausschließender Irrtum nach § 16 I liegen, wenn dem P nämlich eine *aberratio ictus* unterlief. Allerdings wäre hierzu erforderlich, dass der Täter ein anderes als das von ihm avisierte Objekt wegnahm. P indes nahm den avisierten Gegenstand weg und irrte sich lediglich über dessen Beschaffenheit, unterlag also einem *error in obiecto,* der angesichts der dogmatischen Gleichwertigkeit von fremdem Schlagring und fremder Uhr (als gleichermaßen tauglichen Diebstahlsobjekten) irrelevant ist. P unterlag also keinem Irrtum nach § 16 I, sondern handelte vorsätzlich.

Tipp: Ein typischer Fehler ist es, dass *aberratio ictus* und *error in* **21** *persona vel obiecto* zwar benannt werden und der Sachverhalt zutreffend subsumiert wird, dass aber die Einbindung in den Gesetzestext fehlt, nämlich in § 16 I. Vermeiden Sie diesen Fehler.

(2) Absicht rechtswidriger Zueignung

P müsste in Zueignungsabsicht gehandelt haben. Diese umfasst die **22** Absicht einer zumindest vorübergehenden Aneignung, die P mit der Absicht, die Beute zu verkaufen, verwirklichte. Erforderlich ist des Weiteren der Vorsatz dauerhafter Enteignung, den P mit der Absicht realisierte, dem E den Besitz an der Beute dauerhaft zu entziehen. Schließlich wusste P auch, dass die beabsichtigte Zueignung mangels bestehenden Anspruchs hierauf rechtswidrig war. Dass P diese zum Zeitpunkt der Tathandlung bestehende Zueignungsabsicht später fallenließ, ist irrelevant. P erfüllte auch den subjektiven Tatbestand.

cc) Qualifikation § 244 I Nr. 1 lit. a Alt. 1

P könnte § 244 I Nr. 1 lit. a Alt. 1 verwirklicht haben. Objektiv **23** müsste er dafür eine Waffe bei sich geführt haben, also einen Gegenstand, der zur Verursachung erheblicher Verletzungen von Personen generell geeignet und bestimmt ist. Das trifft auf den Schlagring zu, der den Zweck und die Eignung hat, Faustschlägen größere Gefährlichkeit zu geben. Etwas bei sich zu führen bedeutet, es während der

Tatausführung griffbereit zur Verfügung zu haben. Bereits in dem Moment, in dem P sich auf den Beifahrersitz gesetzt hatte, also bevor er das Etui ergriff (als frühest möglichem Vollendungszeitpunkt), also im Vollendungsstadium, hatte P Etui und Inhalt griffbereit, führte also objektiv den Schlagring bei sich.

24   Subjektiv muss der Täter vorsätzlich handeln, also zumindest billigend in Kauf genommen haben, dass er eine Waffe bei sich führte. Bis zu dem Zeitpunkt, als P das Etui in die Jackentasche steckte – als spätest möglichem Zeitpunkt der Deliktsvollendung –, sah P die Möglichkeit nicht, dass das Erbeutete eine Waffe sein konnte. Diskutiert wird zwar, ob das Qualifikationsmerkmal dadurch erfüllt werden kann, dass der Täter im Beendigungsstadium vorsätzlich eine Waffe bei sich führt. Als P das Etui öffnete und erkannte, dass er einen Schlagring mitgenommen hatte, befand er sich aber bereits zwanzig Meter entfernt hinter einem dort geparkten LKW, hatte also bereits die Beute gesichert, also den Diebstahl bereits beendet. Dass das vorsätzliche Beisichführen der Waffe *nach* Diebstahlsbeendigung das Qualifikationsmerkmal nicht erfüllt, ist aber unstrittig. Mangels Vorsatz realisierte P § 244 I Nr. 1 Alt. 1 also nicht.

25   **Tipp:** Es ist für die Bewertung erheblich, dass dieses Qualifikationsmerkmal sorgsam geprüft wird; ein abweichendes Ergebnis ist kaum plausibel.

dd) Rechtswidrigkeit und Schuld

26   P handelte – bezogen auf § 242 I – rechtswidrig und schuldhaft.

ee) Strafantrag

27   Der wegen Geringwertigkeit der Sachen nach § 248a erforderliche Strafantrag (minimal angenommener Wert: 25.- €; der diesbezügliche Irrtum des P ist irrelevant) ist gestellt.

ff) Ergebnis

28   P ist strafbar nach § 242 I.

c) P könnte sich durch dieselbe Handlung nach §§ 242 I, 243 I S. 2 Nr. 1 strafbar gemacht haben.

aa) Den Grundtatbestand § 242 I hat P rechtswidrig und schuldhaft verwirklicht (s.o.).

bb) Besonders schwerer Fall

(1) Zunächst ist fraglich, ob ein besonders schwerer Fall wegen der **29**
Geringwertigkeit der Sachen nach § 243 II ausgeschlossen ist. Etui und
Schlagring waren mit einem Gesamtwert von 10.- € bei dem auch hier
anzunehmenden Grenzwert von 25.- € objektiv geringwertig. Allerdings glaubte P, ein kostbares Lederetui mit hochwertiger Uhr zu
stehlen. Der Ausschluss des § 243 II erfasst aber nach seinem Sinn und
Zweck (Ausschluss von Bagatellfällen) nur Fälle objektiver und zugleich subjektiv erkannter Geringwertigkeit.

Tipp: Die Gegenauffassung ist bei guter Begründung vertretbar. **30**

M. E. drängt es sich auf, § 243 II <u>vor</u> den Regelbeispielen des
§ 243 I zu prüfen, da er deren Anwendungsbereich eingrenzt. Wer
das (zulässig) anders handhabt und, wie hier entwickelt, die Verwirklichung eines besonders schweren Falls verneint, hat § 243 II
nicht mehr zu prüfen (was die Bewertung nicht negativ beeinflussen
darf).

(2) P könnte das Regelbeispiel § 243 I S. 2 Nr. 1 verwirklicht haben, **31**
nämlich in einen umschlossenen Raum eingestiegen sein, nämlich in
ein Raumgebilde, das zum Betreten durch Menschen bestimmt ist und
durch künstliche Vorrichtungen gegen das Eindringen Unbefugter
gesichert ist. Auch bewegliche Raumgebilde wie der Innenraum des
PKW des E sind zum Betreten von Menschen bestimmt, und dieser
war durch Karosserie und geschlossene Türen gegen Eindringen gesichert, war also ein umschlossener Raum.

In diesen hätte P einsteigen, also auf einem dafür nicht vorgesehe- **32**
nen Weg eindringen müssen. Ein bloßes Hineingreifen oder -beugen
reicht dafür nicht aus; vielmehr muss der Täter im Raum wenigstens
einen körperlichen Stützpunkt schaffen, d.h. sich abstützen und sein
Körpergewicht dorthin verlagern. P beugte sich zwar zunächst hinein,
stützte sich aber nicht ab, stieg also nicht ein. Dass er sodann die Auto-
tür öffnete und sich hineinsetzte, ist ebenso wenig ein Einsteigen, da P
hier die Tür als vorgesehene Öffnung verwendete. Das Regelbeispiel
blieb also objektiv unerfüllt.

Tipp: Vermeiden Sie Formulierungen wie „der objektive Tatbe- **33**
stand des Regelbeispiels". Das ist inkorrekt, da Regelbeispiele gerade keine Tatbestände sind. Sie können die Formulierung objekti-
ve/subjektive „Tatseite" verwenden.

34   (3) Möglicherweise hat P die Verwirklichung des Regelbeispiels „versucht".

35   **Tipp:** Die Anführungszeichen weisen darauf hin, dass der *terminus technicus* des Versuchens auf das Regelbeispiel – womöglich – nicht anwendbar ist.

36   P wollte sich, den Oberkörper durchs Autofenster beugend, auf dem Beifahrersitz abstützen, sein Gewicht dorthin verlagern und mit der anderen Hand das Etui ergreifen, und schickte sich gerade an, dies auch zu tun. „Tatentschluss" und „unmittelbares Ansetzen" bezogen auf das Regelbeispiel realisierte er also. Allerdings ist strittig, ob ein solcher „Versuch" die Indizwirkung des Regelbeispiels auslöst.

37   **Tipp:** Das ist das anspruchsvollste Problem der Aufgabenstellung; wie die Bewältigung gelingt, entscheidet über die Qualität des Gutachtens. Es darf allerdings nicht als negativ zu bewertender Folgefehler angesehen werden, wenn die Bearbeitung wegen Missinterpretation des § 244 oder des § 243 I S. 2 Nr. 1 nicht zur Diskussion dieses Problems gelangt. Dann sind jedoch an die Bearbeitung der übrigen Streitfelder besonders hohe Qualitätsanforderungen zu stellen.

38   Dagegen spricht, dass § 22 das unmittelbare Ansetzen „zur Verwirklichung des Tatbestandes" fordert, wohingegen ein Regelbeispiel eine Strafzumessungsregel ist, sodass die Anwendung des § 22 auf ein Regelbeispiel eine täterbelastende, daher nach Art. 103 II GG verfassungswidrige Analogie wäre. Hingegen begründet die Rechtsprechung die Anwendbarkeit des § 22 auf Regelbeispiele mit der „Ähnlichkeit" von Tatbestand und Regelbeispiel; zudem seien die Regelbeispiele des § 243 vor der Reform von 1998 Qualifikationstatbestände gewesen und die Änderung in Regelbeispiele eine nur gesetzestechnische Entscheidung, die nicht die Abschaffung der betreffenden Versuchsstrafbarkeiten zur Folge hatte haben sollen. Dies kann mit Blick auf Art. 103 II GG (die Argumentation der Rechtsprechung räumt die täterbelastende Analogiebildung ein) jedoch nicht überzeugen, abgesehen davon, dass die Analogiebildung auch mangels Regelungslücke unnötig ist: Der „Versuch" des Regelbeispiels kann gegebenenfalls als unbenannter schwerer Fall bewertet werden.

39   Selbst wenn man aber insoweit der Rechtsprechung folgt, so legt sich diese auf die Indizwirkung des „versuchten" Regelbeispiels auch lediglich fest für die Konstellation, dass auch das Grunddelikt nur versucht wird. Wird dieses hingegen vollendet, ist die Anwendung des

§ 242 II i.V.m. § 23 II abgeschnitten, was bei Annahme der Indizwirkung des „versuchten" Regelbeispiels zu offensichtlich ungerechtem Resultat führen würde. Auch unter diesem Gesichtspunkt ist die Position, dass der „Versuch" des Regelbeispiels die Indizwirkung auslöst, im vorliegenden Fall also abzulehnen.

Tipp: Die Gegenauffassung ist mit guter Begründung vertretbar. **40**

(4) Ob hier, was angesichts des „Versuchs" des Regelbeispiels in **41** Betracht kommt, ein unbenannter besonders schwerer Fall vorliegt, lässt sich mangels Anhaltspunkten für sonstige maßgebliche Umstände (Wiederholungstat etc.) nicht beurteilen. Allein der Wille zur Verwirklichung eines Regelbeispiels und das „unmittelbare Ansetzen" dazu reichen für sich genommen nicht aus.

Tipp: Wird ein unbenannter besonders schwerer Fall mit Blick auf **42** die Nähe der Tatbegehung zu § 243 I 2 Nr. 1 bejaht, wird dies nicht negativ bewertet.

cc) Ergebnis

P ist (weiterhin lediglich) nach § 242 I strafbar. **43**

d) P könnte sich wegen des Fallenlassens von Etui und Schlagring nach § 246 I strafbar gemacht haben.

Dazu müsste sich P das Etui und den Schlagring durch diese Hand- **44** lungen zugeeignet haben. Allerdings liegt im Fallenlassen, selbst wenn man die wiederholte Zueignung nach vollendetem Diebstahl für tatbestandsmäßig hält, keine Zueignung, da P sich dadurch gerade nicht die Sache bzw. ihren Sachwert in einer Weise zuführte, dass er als Scheineigentümer erschien. Die Strafbarkeit nach § 246 I scheidet aus.

Tipp: Diese Prüfung ist entbehrlich. Sie sollte jedenfalls kurz ge- **45** halten werden.

e) P könnte sich wegen derselben Handlung nach §§ 303 I, 22 strafbar gemacht haben.

Mangels Beschädigung der Objekte blieb die Tat unvollendet. Der **46** Versuch ist nach § 303 III strafbar.

P müsste zur Sachbeschädigung entschlossen gewesen sein. Er **47** nahm billigend in Kauf, dass Etui und Schlagring, erkanntermaßen fremde Sachen, beschädigt werden würden, wenn er sie auf einem

Parkplatz fallen- und liegenlässt, entweder weil sie von Kfz-Fahrern überfahren oder korrodieren oder verrotten konnten.

48   **Tipp:** Eine abweichende Sachverhaltsinterpretation, dass nämlich P sich keinerlei Gedanken machte, ist akzeptabel.

49   P setzte durch die genannte Handlung sowie dadurch, dass er wegging, unmittelbar an. Er handelte auch rechtswidrig und schuldhaft. Der nach § 303c erforderliche Strafantrag ist gestellt. Im Ergebnis ist P strafbar nach §§ 303 I, 22.

50   **Tipp:** Diese Deliktsprüfung sollte kurz gehalten werden. Fehlt sie, fällt das nicht stark negativ ins Gewicht.

f) Ergebnisse und Konkurrenzen

51   P hat § 242 I und §§ 303 I, 22 verwirklicht. Dies erfolgte handlungsmehrheitlich angesichts des erst nach dem Diebstahl gefassten, also zäsurbildenden Entschlusses, die Beute fallenzulassen. Als gesetzeskonkurrenzrechtliche Figur kommt mithin nur die mitbestrafte Nachtat in Betracht: Das Unrecht der versuchten Sachbeschädigung wird vom Unrechtsgehalt des Diebstahls voll umfasst angesichts dessen, dass selbst die vollendete Sachbeschädigung, also die Zerstörung des Eigentums nach Besitzentzug durch Wegnahme, die Rechtsgutsbeeinträchtigung zulasten des E nicht wesentlich vertieft hätte. §§ 303 I, 22 tritt also zurück. P ist im Ergebnis strafbar nach § 242 I.

2. Strafbarkeit des Q

a) Q könnte sich nach § 242 I strafbar gemacht haben, indem er das Etui und den Schlagring mitnahm.

aa) Objektiver Tatbestand

52   Q müsste fremde bewegliche Sachen weggenommen haben. Etui und Schlagring waren bewegliche Sachen. Sie waren auch für den Q fremd, standen nämlich weiterhin im Eigentum des E, zumal P sie, als Nichteigentümer, nicht wirksam derelinquieren konnte (vgl. § 959 BGB).

53   Fraglich ist, ob Q die Sachen wegnahm, zunächst also fremden Gewahrsam daran brach. E hatte den Gewahrsam an den Sachen an P verloren, dieser hatte ihn durch Fallen- und Zurücklassen der Beute freiwillig aufgegeben. Möglicherweise erwarb dadurch der Inhaber des Supermarktes Gewahrsam. Im öffentlichen Personenverkehr (Bus/Bahn) und in abgeschlossenen Räumlichkeiten wie z.B. Kinos wird angenommen, dass der Betreiber Gewahrsam an den in ihnen befindlichen Gegen-

ständen hat. Allerdings war der Parkplatz keine vergleichbare abgesicherte und umgrenzte Gewahrsamssphäre, und es kann kein Gewahrsamswille des Supermarktinhabers bezogen auf alle auf dem Parkplatz befindlichen Sachen angenommen werden. Die Objekte standen also in keines Gewahrsam, so dass Q sie nicht wegnahm.

> **Tipp:** Die Gegenauffassung ist allenfalls mit guter Begründung   **54**
> vertretbar. Die Frage nicht zu erörtern, ist ein Fehler.

bb) Ergebnis

   Q ist nicht strafbar nach § 242 I.   **55**

b) Q könnte sich nach § 246 I wegen derselben Handlung strafbar gemacht haben.

   Dazu müsste er sich fremde bewegliche Sachen zugeeignet haben. **56** Etui und Schlagring waren taugliche Tatobjekte (s.o.). Die Zueignung erfolgt durch Manifestation des Zueignungswillens. Indem Q die Sachen in Besitz nahm mit Ausschlusswirkung zulasten des Eigentümers, eignete er sie sich objektiv zu. Q handelte auch vorsätzlich, rechtswidrig und schuldhaft. Der wegen Geringwertigkeit der Sachen nach § 248a erforderliche Strafantrag ist gestellt. Q ist mithin strafbar nach § 246 I.

c) Q könnte sich nach §§ 242 I, 244 I Nr. 1 lit. a Alt. 1 strafbar gemacht haben, indem er das Paket mitnahm.

aa) Objektiver Tatbestand des § 242 I

   (1) Fraglich ist zunächst, ob das im Paket befindliche Kokain taugli- **57** ches Diebstahlsobjekt war. Es war eine bewegliche Sache. Fremd war es, wenn es im Eigentum eines anderen stand. Zu bedenken ist hier, dass ein rechtsgeschäftlicher Eigentumserwerb nach §§ 929 ff. BGB bezogen auf illegale Betäubungsmittel nicht möglich ist, da § 134 BGB die dingliche Einigung nichtig macht. Daraus ist indes nicht zu schließen, dass niemand Eigentümer des Kokains war. Originärer Erwerb seitens des Herstellers ist nach § 950 BGB möglich; § 134 BGB ist hier unanwendbar. Auszugehen ist davon, dass eine entsprechende Norm auch in dem Land existiert, in dem das Kokain hergestellt wurde. Auszugehen ist des Weiteren davon, dass der Hersteller mit „Verkauf" des Kokains sein Eigentum nicht aufgab (vgl. § 959 BGB), also noch Eigentümer war.

58   Fraglich ist allerdings, ob dieses Eigentumsrecht des Herstellers strafrechtlichen Schutz verdient. Das Eigentumsrecht reduziert sich nämlich angesichts der Illegalität des Kokains auf das Recht, das Kokain zwecks Vernichtung dem Staat zu übergeben. Dieser Wertungsgesichtspunkt tritt allerdings zurück hinter dem Bestreben, keine (straf-)rechtsfreien Räume im Drogenmilieu entstehen zu lassen. Rechtspolitisch sinnvoll ist es also, auch das Eigentum an illegalen Betäubungsmitteln strafrechtlich zu schützen. Der Hersteller des Kokains war also sein (schutzwürdiger) Eigentümer, und dem Q war das Kokain fremd, also taugliches Diebstahlsobjekt.

59   **Tipp:** Die Gegenauffassung ist ebenso gut vertretbar; die Qualität der Bearbeitung dieses zweiten wichtigen Problems ist mit maßgeblich für die Bewertung im Ganzen.

60   (2) Auch die vier Geldscheine waren bewegliche Sachen. Fraglich ist, ob sie für den Q fremd waren. E könnte das Eigentum an den Geldscheinen von den Käufern des Kokains derivativ erworben haben (§§ 929 ff. BGB); allerdings schlägt bei Drogenverkäufen die Nichtigkeit nach § 134 BGB auch auf die sich auf das Bargeld beziehende dingliche Einigung durch, was den Eigentumserwerb seitens E verhinderte. Gleichwohl hatten die Scheine Eigentümer, nämlich (mutmaßlich) die Kokainkäufer. Jedenfalls waren sie also für den Q fremd, mithin ebenfalls taugliche Diebstahlsobjekte.

61   **Tipp:** Man kann vertreten, dass die Drogenkäufer die Geldscheine derelinquierten, diese also herrenlos waren; dann entfällt die Fremdheit. Wichtig für die Qualität der Bearbeitung ist es jedenfalls, dass die Fremdheit des Kokains und des Bargelds – jeweils – sorgfältig zu prüfen sind.

62   Q nahm das Paket mit Kokain und Geldscheinen auch weg, indem er es aus dem Auto holte und mitnahm. Er erfüllte also den objektiven Tatbestand.

bb) Subjektiver Tatbestand des § 242 I

63   Q müsste vorsätzlich, also wissent- und willentlich gehandelt haben. Zwar wusste er nicht, was sich in dem Paket befand, das er willentlich wegnahm, aber sein Vorsatz erstreckte sich auf jeglichen Paketinhalt, und er nahm zumindest billigend in Kauf, dass die betreffenden Sachen auch fremd waren. Q handelte also vorsätzlich.

64   Q müsste mit der Absicht rechtswidriger Zueignung gehandelt haben. Zwar stand diese Absicht (zu behalten oder zu verkaufen) im

Wegnahmezeitpunkt unter der Bedingung der Werthaltigkeit des Paketinhalts, aber eine solche Bedingung hindert nicht die Tatbestandsmäßigkeit der Zueignungsabsicht. Auch nahm Q zumindest billigend in Kauf, dass die beabsichtige Zueignung rechtswidrig gewesen wäre. Q erfüllte also den subjektiven Tatbestand.

cc) Qualifikation § 244 I Nr. 1 lit. a Alt. 1

Der Schlagring war eine Waffe (s.o. 1. b) cc)). Diese führte Q während der Wegnahme des Pakets wissentlich bei sich, verwirklichte also § 244 I Nr. 1 Alt. 1 objektiv und subjektiv. **65**

dd) Rechtswidrigkeit und Schuld

Q handelte rechtswidrig und schuldhaft. **66**

ee) Ergebnis

Q ist strafbar nach §§ 242 I, 244 I Nr. 1 lit. a Alt. 1. **67**

d) Ergebnisse und Konkurrenzen

Q verwirklichte durch die Mitnahme des Etuis und des Schlagrings § 246 I. Durch Mitnahme des Kokainpakets und des Geldes verwirklichte er §§ 242 I, 244 I Nr. 1 lit. a Alt. 1. Die Taten erfolgten in Handlungsmehrheit angesichts dessen, dass Q den Entschluss zur zweiten Tat erst nach Verwirklichung der ersten fasste. Gesetzeskonkurrenz besteht nicht. Q ist daher strafbar nach §§ 246 I; 242 I, 244 I Nr. 1 lit. a Alt. 1; 53. **68**

3. Gesamtergebnis

P ist strafbar nach § 242 I. **69**

Q ist strafbar nach §§ 246 I; 242 I, 244 I Nr. 1 lit. a Alt. 1; 53.

C. Übungsfall „Tierpension Pudelwohl"

I. Aufgabenstellung

Die Brüder Heinrich (H), Jens (J) und Karl (K) betreiben die Tier- **70** pension „Pudelwohl", nahmen nämlich Hunde und andere Haustiere in Pflege, was insbesondere dann geschah, wenn deren Eigentümer in Urlaub fuhren. H, J und K kamen eines Tages auf den Gedanken, sich einen dauerhaften Zusatzgewinn dadurch zu verschaffen, dass sie – reihum – in die Wohnungen der urlaubsbedingt abwesenden Tiereigentümer einbrechen und dort aufgefundenes Bargeld oder Wertgegenstände mitnehmen würden, letztere um sie zu verkaufen. Vom Bargeld beziehungsweise Kauferlös sollte jeder stets ein Drittel erhalten.

Der erste Einbruch dieser geplanten Serie sollte bei Ortwin (O) **71** stattfinden, der seinen Hund bei „Pudelwohl" in Pflege gegeben und den Brüdern erzählt hatte, er werde drei Wochen lang durch Südamerika touren. Moralisch von H und J hierin bestärkt, begab sich K daher absprachegemäß am 15.5.2017 kurz vor Mitternacht zu der in einem Mehrfamilienhaus befindlichen Mietwohnung des O und setzte sein mitgebrachtes 50 cm langes Brecheisen an, um die Wohnungstür aufzubrechen, bemerkte in diesem Moment jedoch, dass die Tür nicht richtig verschlossen war, sondern sich auf einfachen Druck hin öffnete. K durchsuchte nun die Wohnung des O und fand in einer Schublade 150.- € an Bargeld, das er in seine Jackentasche steckte, um es mit den Brüdern zu teilen. Einen Schlüssel, der neben dem Bargeld lag und der, wie K sofort erkannte, zu einem Schließfach der im nahegelegenen Bahnhof befindlichen Schließfachanlage gehörte, steckte er ebenfalls in die Jackentasche in der Absicht, den Schließfachinhalt, wenn er denn werthaltig wäre, mitzunehmen und als gemeinsame Beute zu Geld zu machen, den Schlüssel aber im Schließfachschloss stecken zu lassen.

O hatte in diesem Schließfach, warum auch immer, eine ihm gehö- **72** rende wertvolle Halskette deponiert. Als K indes am nächsten Morgen gemeinsam mit J zum Bahnhof fuhr, um das Schließfach zu öffnen, starben beide unterwegs infolge eines Autounfalls.

Bearbeitervermerk

Prüfen Sie die Strafbarkeit von H nach dem Strafgesetzbuch! **73**

Strafanträge sind, soweit erforderlich, gestellt.

II. Musterlösung

74 **Tipp:** Tote sind nicht strafbar; ihre Strafbarkeit zu prüfen, ist daher unsinnig, also nicht nur überflüssig, sondern falsch, wirkt sich auf die Bewertung der Bearbeitung also negativ aus. Selbst wenn im Bearbeitervermerk nach der „Strafbarkeit der Beteiligten" gefragt wäre, dürfte daher nur die des H (neben der des O) geprüft werden.

1. H könnte sich nach §§ 303 I, 22, 25 II² strafbar gemacht haben, indem er gemeinsam mit K und J den Einbruch bei O plante und den K darin bestärkte, diesen Einbruch durchzuführen.

75 **Tipp:** Die Strafbarkeit des H nach § 30 II Var. 3 wegen der Vereinbarung mit J und K, gemeinsam eine Einbruchserie zu verüben, muss nicht geprüft werden, weil eine der Taten wie geplant zumindest ins Versuchsstadium gelangte, sodass § 30 II zurücktritt. Wer – angesichts der Chronologie der Ereignisse zulässig – § 30 II prüft, kommt nicht umhin, § 244 IV und § 244a I als in Betracht kommende Verbrechen inzident ausführlich zu prüfen.

Es bieten sich, betreffend die Beteiligung des H an den Taten des K, zwei Aufbaumöglichkeiten an. Hier wird chronologisch nach den von K als Haupttäter verwirklichten Taten vorgegangen. Zulässig ist es aber auch, die vom Haupttäter verwirklichten Delikte der Schwere nach zu ordnen, da H sich an allen Delikten durch dieselben Handlungen beteiligt hat. Demnach wäre zunächst die Beteiligung an § 242 I samt Qualifikationen, im Anschluss diejenige an §§ 303 I, 22 und schließlich die an § 123 I Alt. 1 zu prüfen.

a) Vorprüfung

76 Die Tat blieb unvollendet angesichts dessen, dass keine Sache, insbesondere nicht die Tür der von O gemieteten Wohnung, beschädigt wurde. Der Versuch ist strafbar nach § 303 III.

b) Tatentschluss

aa) Bezüglich der Tatverwirklichung seitens K

77 Der Tatentschluss des H müsste sich zunächst auf eine von K zu begehende – vollendete – Tat, also die Sachbeschädigung bezogen haben. H wollte, dass K die im Eigentum des Hauseigentümers stehende, also dem K und dem H fremde Tür der Wohnung, die O bewohnte, mittels

---

² §§ ohne Gesetzesangabe sind solche des StGB.

eines Brecheisens beschädigte. K sollte mithin nach der Vorstellung des H § 303 I verwirklichen.

bb) Bezüglich der Mittäterschaft

Tipp: Bei versuchter Tat durch einen Mittäter sind die Voraussetzungen der Mittäterschaft des anderen Mittäters im Rahmen des Tatentschlusses zu prüfen. **78**

Der Tatentschluss des H müsste sich zudem auf die Zurechnung der **79** Tathandlung des K nach § 25 II zu Lasten seiner selbst erstreckt haben. Wie hierzu zunächst erforderlich, war dem H bewusst, dass der (versuchten) Verwirklichung des Delikts durch K ein gemeinsam mit H gefasster Tatplan zugrunde lag.

Die weiteren Voraussetzungen der Mittäterschaft sind strittig. Nach **80** der (abgeschwächt) subjektiven Theorie ist es wesentlich, ob der Täter die Tat als eigene verwirklicht wissen will *(animus auctoris)* oder lediglich die Tat eines anderen fördern will *(animus socii);* der objektive funktionale Stellenwert des eigenen Tatbeitrags ist hierbei indiziell zu berücksichtigen. Maßgeblich ist danach, dass H, J und K vereinbart hatten, reihum Diebstähle nach vergleichbarem Muster durchzuführen und die Beute stets zu dritteln. Daraus lässt sich schließen, dass sie auch die Taten der jeweils anderen als eigene Taten verstanden. Wenn auch H plangemäß im Ausführungsstadium zur Sachbeschädigung keinen unmittelbaren Beitrag leisten wollte, so reichten das Schmieden des Plans und die psychische Unterstützung des K im Vorbereitungsstadium als objektive Beiträge nach dieser Theorie für die Annahme von Mittäterschaft aus.

Dieser Sicht ist jedoch nicht zu folgen; sie tendiert, indem sie der **81** subjektiven Seite zu viel Gewicht beimisst, zum Täter-, statt Tatstrafrecht und schafft allzu starke Rechtsunsicherheit. Zu folgen ist demgegenüber der Tatherrschaftslehre, die zuerst das objektive Geschehen in den Blick nimmt und die innere Einstellung des Täters nur indiziell berücksichtigt. Sie fordert für die Mittäterschaft ein (typischerweise) arbeitsteiliges In-den-Händen-Halten der Tat.

Wenn man, mit der strengen Tatherrschaftslehre, einen wesentlichen **82** Beitrag eines jeden Mittäters im Vollendungsstadium fordert, gelangt man, weil H insoweit nicht tätig werden wollte, zu einem negativen Ergebnis. Nach einer weiteren Spielart der Tatherrschaftslehre hat aber auch derjenige Tatherrschaft, der nur im Vorbereitungsstadium aktiv wird, sofern diese Aktivität die Tatausführung maßgeblich determiniert. Zwar hatten H, J und K den auszuführenden Diebstahl gemeinsam geplant, und H hatte den K auch psychisch unterstützt. Die konkrete Ausführung des Diebstahls hatten sie indes nicht festgelegt, so dass H keinen Einfluss auf die Ausführung des Diebstahls im Detail haben wollte. Auch nach dieser Interpretation der Tatherrschaftslehre reichten die von H geleisteten Tatbeiträge also für eine Mittäterschaft nicht aus. H war also nicht dazu entschlossen, sich die Tatausführung seitens K nach § 25 II zurechnen zu lassen.

c) Ergebnis

H ist nicht strafbar nach §§ 303 I, 22, 25 II.

83   **Tipp:** Der Fehler, dass auf die Prüfung des § 25 II nicht die erforderliche Sorgfalt verwendet wird, ist mir als Korrektor schon häufig begegnet, nicht zuletzt in dieser Klausur, aber auch noch in Klausuren des staatlichen Teils des Ersten Examens. Grob falsch ist es, § 25 II gar nicht, sondern sogleich § 27 zu prüfen. Grob falsch ist es auch, nur die Tatherrschaftslehre, nicht aber die (immerhin vom BGH vertretene!) abgeschwächt subjektive Theorie zu berücksichtigen. Grob falsch ist es des Weiteren, die Theorien zwar zu nennen, aber den Sachverhalt nicht – jeweils – sorgfältig zu subsumieren. Grob falsch ist es schließlich auch, eine Diskussion dort zu führen, wo im zu begutachtenden Fall je dasselbe Ergebnis resultiert. Nach der hiesigen Sachverhaltsinterpretation und Falllösung wäre es zum Beispiel falsch, die Vor- und Nachteile der engen und weiteren Tatherrschaftslehre zu erörtern.

Man kann den Sachverhalt auch so interpretieren, dass H nach dem Maßstab der weiteren Tatherrschaftslehre Mittäter sein wollte. Dann muss man entweder die strenge Tatherrschaftslehre argumentativ entkräften und ablehnen (eine Entscheidung zwischen der abgeschwächt subjektiven Theorie und der weiteren Tatherrschaftslehre wäre dann aber falsch) oder man folgt dieser und entkräftet die beiden anderen. Ebenso ist vorzugehen, wenn Sie der abgeschwächt subjektiven Theorie folgen, was selbstverständlich zulässig ist.

Wer zu dem Ergebnis gelangt, dass H zur Mittäterschaft entschlossen war, sollte bezogen auf das unmittelbare Ansetzen der (der Einzellösung m.E. klar überlegenen und auch herrschenden) Gesamtlösung folgen, nach der das unmittelbare Ansetzen des einen Mittäters dem anderen zuzurechnen ist.

2. H könnte sich durch dieselben Handlungen nach §§ 303 I, 22, 27 strafbar gemacht haben.

> **Tipp:** Auch eine versuchte Tat ist eine teilnahmefähige Haupttat   **84**
> (vgl. Wortlaut §§ 26, 27), und die Teilnahme daran ist eine vollen-
> dete. Es wird hier also keine versuchte Beihilfe (diese wäre nicht
> strafbar, vgl. § 30 I) geprüft, sondern vollendete Beihilfe zur ver-
> suchten Sachbeschädigung. Daher ist hier auch kein Versuchsauf-
> bau zu wählen.

Was den objektiven Tatbestand betrifft, so war vorsätzliche rechts- **85**
widrige Haupttat die versuchte rechtswidrige Sachbeschädigung seitens K. H müsste objektiv Hilfe geleistet haben, also die (versuchte)
Haupttat irgendwie gefördert haben. Die Mithilfe bei der Planung und
die erfolgreiche psychische Unterstützung des K bildeten ein solches
Hilfeleisten.

> **Tipp:** Auch die psychische Beihilfe muss erfolgreich sein (sonst ist   **86**
> sie ein strafloser Beihilfeversuch), daher die Formulierung im
> Sachverhalt, dass H und J den K „moralisch bestärkten"; nicht aus-
> reichen würde z.B. die Sachverhaltsangabe, dass sie ihm zuredeten.

Den subjektiven Tatbestand verwirklichte H, indem er bezogen auf **87**
die Vollendung der Haupttat und bezogen auf die Hilfeleistung vorsätzlich handelte (doppelter Gehilfenvorsatz).

> **Tipp:** Beachten Sie, dass der Teilnehmer, wenn die Haupttat ein   **88**
> Versuch ist, überschießenden Vollendungsvorsatz haben muss. Wer
> will oder weiß, dass die geplante Haupttat des anderen nicht gelin-
> gen möge/kann, hat keinen Teilnahmevorsatz.

H handelte auch rechtswidrig und schuldhaft und ist im Ergebnis **89**
strafbar nach §§ 303 I, 22, 27.

> **Tipp:** Offensichtlich sind die versuchte Sachbeschädigung und der   **90**
> Hausfriedensbruch (dazu sogleich) deutlich weniger wichtig als der
> sodann folgende qualifizierte Diebstahl. Dem sollten Sie im Gut-
> achten Rechnung tragen, indem sie die beiden ersten Delikte (abge-
> sehen von der Prüfung des § 25 II) möglichst knapp prüfen. Das
> wird der Korrektor/die Korrektorin honorieren als Indiz dafür, dass
> Sie den Fall im Ganzen überschauen.

3. H könnte sich durch dieselben Handlungen nach §§ 123 I Alt. 1, 27 strafbar gemacht haben.

91   **Tipp:** Wer bezogen auf §§ 303 I, 22 die Mittäterschaft bejaht hat, muss auch hier § 25 II prüfen. Insoweit kann man vertreten, dass § 123 I Alt. 1 ein handlungsgebundenes Delikt ist, so dass nur (Mit-)Täter sein kann, wer selbst „eindringt". Demnach wäre H kein Mittäter, sondern nur Gehilfe.

92   Die objektiv erforderliche Haupttat war der Hausfriedensbruch nach § 123 I Alt. 1, den K verwirklichte, indem er die Wohnung des O ohne dessen Willen, also widerrechtlich, betrat (eindrang), wobei er vorsätzlich und rechtswidrig handelte. Die objektive Hilfeleistung seitens H lag in der gemeinsamen Planung und mentalen Unterstützung des K. H handelte bezüglich Haupttat und Hilfeleistung vorsätzlich sowie auch rechtswidrig und schuldhaft. Der nach § 123 II erforderliche Strafantrag ist gestellt. Im Ergebnis ist H strafbar nach §§ 123 I Alt. 1, 27.

4. H könnte sich durch dieselben Handlungen nach §§ 242 I, 27 strafbar gemacht haben.

93   **Tipp:** Wer bezogen auf §§ 303 I, 22 Mittäterschaft angenommen hat, muss diese auch hier prüfen und im Ergebnis bejahen.

Auch wenn § 244 und § 244a *leges speciales* im Verhältnis zu § 242 I sind, ist es zulässig, dieses Grunddelikt zuerst und isoliert von seinen Qualifikationen zu prüfen. Das bietet sich hier m.E. aus Übersichtlichkeitsgründen an. Auch hat es den Vorteil, dass bei der unten 7. a) aa) (1) zu klärenden Frage der bandenmäßigen Begehung (§ 244a I) für die Beihilfe des H am Diebstahl des K nach oben verwiesen werden kann. Andere Prüfungsreihenfolgen sind, soweit schlüssig, ebenfalls akzeptabel.

a) Objektiver Tatbestand

94   Erforderlich ist zunächst eine teilnahmefähige Haupttat. K könnte – mehrmals – § 242 I tatbestandsmäßig und rechtswidrig verwirklicht haben.

95   **Tipp:** Es bietet sich an, die Diebstähle des K an Geld, Schlüssel und Kette hier nacheinander – getrennt – zu prüfen (unabhängig davon, wie insoweit das Konkurrenzverhältnis ist); das ist m.E. am übersichtlichsten.

aa) Tatbestandsmäßiger, rechtswidriger Diebstahl des K am Bargeld

(1) Objektiver Tatbestand des § 242 I

K müsste eine fremde bewegliche Sache weggenommen haben. Bei **96** dem in der Wohnung des O befindlichen Bargeld handelte es sich um bewegliche Sachen (Scheine und/oder Münzen). Diese waren auch fremd für den K, standen nämlich im Eigentum eines anderen, hier des O.

Wegnahme ist der Bruch fremden und die Begründung neuen Ge- **97** wahrsams, wobei Gewahrsam willensgetragene tatsächliche Sachherr-schaft unter Berücksichtigung der Verkehrsauffassung ist. Zwar hatte der weit weg im Urlaub befindliche O keinen faktischen Zugriff auf das Geld; nach der Verkehrsanschauung behält gleichwohl der Mieter einer Wohnung auch bei längerer Abwesenheit Gewahrsam an denje-nigen in der Wohnung – als der ihm zugeordneten Gewahrsamssphäre – befindlichen Gegenständen, auf die sich sein Gewahrsamswille bezieht. O hatte also Gewahrsam am Bargeld.

K könnte, indem er das Geld einsteckte, den Gewahrsam des O be- **98** seitigt und eigenen Gewahrsam begründet haben. Zwar befand er sich noch in der fremden Gewahrsamssphäre. Gleichwohl kann bereits hier der Gewahrsamswechsel erfolgen, wenn nämlich der Täter die Tatob-jekte in eine Gewahrsamsenklave überführt. Diese Enklave ist die körperlich-persönliche Sphäre des Täters, hinsichtlich derer der Zugriff eines anderen sozial auffällig wäre. Das trifft auf die Kleidung, die der Täter am Körper trägt, zu. Durch Einstecken des Geldes in die Jacken-tasche realisierte K also den Gewahrsamswechsel. Dieser war auch ein Bruch, erfolgte nämlich ohne den Willen des O. K erfüllte den objekti-ven Tatbestand.

Tipp: Den Gewahrsam, als anspruchsvolles normatives Konstrukt, **99** sollten Sie stets sorgsam definieren und subsumieren. In der hiesi-gen Konstellation wäre es allerdings auch zulässig, sich darauf zu-rückzuziehen, dass K jedenfalls bei Verlassen der Wohnung den Gewahrsamswechsel vollzog.

(2) Subjektiver Tatbestand und Rechtswidrigkeit

K handelte vorsätzlich. Er müsste auch in der Absicht rechtswidri- **100** ger Zueignung gehandelt haben. Das erfordert die Absicht zumindest temporärer Aneignung, den Vorsatz dauerhafter Enteignung und den Vorsatz bezogen auf die – objektiv bestehende – Rechtswidrigkeit der Zueignung. Das Bargeld wollte K teils behalten, teils seinen Brüdern geben, sich also jedenfalls wie ein Eigentümer verhalten (aneignen) und den O hierdurch auch vom Besitz am Geld dauerhaft ausschließen (enteignen), wobei er wusste, dass dies rechtswidrig war. K erfüllte also auch den subjektiven Tatbestand. Er handelte auch rechtswidrig.

bb) Tatbestandsmäßiger, rechtswidriger Diebstahl des K am Schließfachschlüssel

101   Objektiv war auch der Schließfachschlüssel eine bewegliche Sache, die für den K, als im Eigentum des Betreibers der Schließfachanlage stehend, fremd war. Die Wegnahme dieses Schlüssels realisierte K ebenso wie diejenige des Bargeldes (vgl. oben 4. a) aa), bb)). Subjektiv handelte K vorsätzlich. Die Zueignungsabsicht fehlt aber angesichts dessen, dass K den Schlüssel nicht enteignen, sondern im Schließfach steckenlassen, also dem Eigentümer zuführen wollte. K stahl den Schlüssel nicht.

cc) Tatbestandsmäßiger, rechtswidriger Diebstahl des K an der Kette

(1) Objektiver Tatbestand

102   Auch die im Schließfach befindliche Kette war für den K, als im Eigentum des O stehend, eine fremde bewegliche Sache. Fraglich ist, ob er auch diese wegnahm. Am Inhalt unbeweglicher Behälter hat Gewahrsam, wer den Schlüssel im Besitz hat. Indem K den Schließfachschlüssel wegnahm, brach er also zugleich auch den Gewahrsam des O am Schließfachinhalt und begründete daran neuen eigenen Gewahrsam. Auch hinsichtlich der Kette verwirklichte er objektiv einen Diebstahl.

103   **Tipp:** Dass der Gewahrsam an der Kette noch nicht übergegangen ist, kann man kaum vertreten. Man kann aber die Verwirklichung des objektiven Tatbestands daran scheitern lassen, dass § 242 I „Wegnahme" erfordert, dass also der Täter den Gewahrsamswechsel durch räumliche Entfernung des Tatobjekts realisiert. Als die Klausur in der Großen Übung lief, haben etliche Bearbeiterinnen und Bearbeiter schlicht übersehen, dass bereits jetzt auch die Wegnahme der Kette vollendet sein konnte; das ist ein erheblicher Fehler.

(2) Subjektiver Tatbestand und Rechtswidrigkeit

104   Fraglich ist, ob sich der Wegnahmevorsatz des K auf die Kette bezog, nämlich angesichts dessen, dass er den Schließfachinhalt nicht kannte. Letzteres (nämlich die Kenntnis der Identität des Objekts) ist indes für den Diebstahlsvorsatz nicht erforderlich, sondern es reicht aus, dass K, wie hier, seinen Wegnahmevorsatz auf – jeden – möglichen Fachinhalt richtete.

Für die Zueignungsabsicht bezogen auf die Kette reicht es aus, dass **105** K den Schließfachinhalt, wenn er denn werthaltig sein sollte, sich aneignen und – rechtswidrig – den Eigentümer enteignen wollte. Die Erkenntnis, dass die Möglichkeit der rechtswidrigen Zueignung unter einer von ihm nicht zu beeinflussenden Bedingung stand (dass sich nämlich etwas Werthaltiges im Fach befand), hindert nicht die Verwirklichung des subjektiven Tatbestands. K stahl also die Kette. Er handelte auch rechtswidrig.

dd) Hilfeleisten seitens H

Zu dem rechtswidrigen Diebstahl des K an Bargeld und Kette leiste- **106** te H objektiv Hilfe, indem er mit ihm den Tatplan fasste und den K in dessen Vorhaben psychisch bestärkte.

b) Subjektiver Tatbestand

H müsste vorsätzlich hinsichtlich Haupttat und Hilfeleistung gehan- **107** delt haben. Der Vorsatz des H richtete sich darauf, dass K (vereinbarungsgemäß) das in der Wohnung des O befindliche Bargeld stahl. Fraglich ist, ob sich der Vorsatz des H auch auf den Diebstahl der Kette erstreckte, die sich, abweichend von der expliziten Vereinbarung, nicht in der Wohnung befand. Allerdings fällt ins Gewicht, dass der Diebstahl nicht im Detail verabredet war und die Tatmodalität, die Kette mittels Wegnahme des Schließfachschlüssels zu stehlen, so wenig vom explizit Vereinbarten abweicht, dass sie noch als im Rahmen des Tatplans befindlich angesehen werden kann. H hatte also auch Vorsatz bezogen auf den Diebstahl des K an der Kette.

> **Tipp:** Die gegenteilige Sachverhaltsinterpretation ist möglich (dann **108** vorsatzausschließender Irrtum nach § 16 I 1: wesentliche Abweichung des tatsächlichen vom vorgestellten Kausalverlauf).

H wollte zu beidem auch Hilfe leisten, verwirklichte also den sub- **109** jektiven Tatbestand.

c) Rechtswidrigkeit und Schuld

H handelte rechtswidrig und schuldhaft. **110**

d) Ergebnis

H ist strafbar nach §§ 242 I, 27. **111**

112   **Tipp:** Nachdem nun die Beihilfe des H zu dem von K (zweimal handlungseinheitlich, also nach konkurrenzrechtlicher Wertung, vgl. § 52 I Alt. 2, einmal) realisierten § 242 I feststeht, ist zu prüfen, ob K Qualifikationen verwirklichte.

Nach der Neuregelung des § 244 im Jahr 2017 ist die am stärksten sanktionierte Qualifikation nun § 244 IV, weniger stark sanktioniert sind die Qualifikationsvarianten des § 244a – nämlich angesichts der Regelung für minder schwere Fälle nach § 244a II; eine vergleichbare Regelung existiert für § 244 IV (rechtspolitisch fragwürdig) nicht. Noch weniger stark sanktionierte Qualifikationstatbestände nennt schließlich § 244 I. Diese Abstufung setze ich hier – nach dem Prinzip, dass bezogen auf dieselbe Tathandlung stets das schwerste Delikt (bzw. die schwerste Qualifikation) vorrangig zu prüfen ist – in die entsprechende Prüfungsreihenfolge um, was jedenfalls unangreifbar ist. Andere Prüfungsreihenfolgen sind, soweit schlüssig, ebenfalls akzeptabel.

5. H könnte sich durch dieselben Handlungen nach §§ 242 I, 244 IV, 27 strafbar gemacht haben.

113   Fraglich ist, ob K, als objektiv erforderliche beteiligungsfähige Haupttat, den Diebstahl qualifiziert nach § 244 IV beging. Wie es der objektive Tatbestand dieser Qualifikation fordert, handelte es sich bei der von O bewohnten Wohnung (auch wenn dieser verreist war) um eine dauerhaft genutzte Privatwohnung. K müsste diesbezüglich eine der in § 244 I Nr. 3 genannten Tathandlungen realisiert haben. Einzubrechen erfordert aber den Einsatz einer nicht unerheblichen körperlichen Kraft oder eine Substanzverletzung, wohingegen K die Wohnungstür nur mit leichtem Druck öffnete, also nicht einbrach. Auch stieg er nicht ein, verwendete nämlich keinen zum Betreten nicht vorgesehenen Zugang; ebenso wenig verwendete er ein Werkzeug der in der Norm genannten Art und hielt sich auch nicht in der Wohnung verborgen. K verwirklichte § 244 IV also objektiv nicht. H ist nicht strafbar nach §§ 242 I, 244 IV, 27.

6. H könnte sich durch dieselben Handlungen nach §§ 242 I, 244 IV, 22, 27 strafbar gemacht haben.

114   **Tipp:** Es bietet sich aus Gründen der Übersichtlichkeit an, die Prüfung der Beihilfe zum <u>versuchten</u> Privatwohnungseinbruchdiebstahl hier sofort anzuschließen. Das ist auch dann nicht überflüssig, also

nicht angreifbar, wenn man (wie hier, vgl. unten 7.) § 244a I als von K verwirklicht ansieht; denn es ist jedenfalls nicht evident, dass dahinter der Versuch der (wie gesagt, mangels Existenz minder schwerer Fälle) gravierenderen Qualifikation § 244 IV zurücktritt.

a) Objektiver Tatbestand

aa) Seitens K verwirklichte Haupttat

K könnte §§ 242 I, 244 IV, 22 verwirklicht haben. Die Qualifikation **115** blieb unvollendet (s.o.), der Versuch des qualifizierten Diebstahls ist strafbar nach §§ 244 IV a.E., 12 I, 23 I.

K war zum Diebstahl nach § 242 I entschlossen, verwirklichte ihn **116** nämlich sogar (s.o 4 a) aa)–cc)). Fraglich ist, ob K auch zur Qualifikationsverwirklichung entschlossen war, ob er also in die Wohnung des O als taugliches Objekt (s.o. 5.) nach § 244 IV einbrechen wollte (vgl. § 244 I Nr. 3). K wollte die verschlossene Tür, als Zugangshindernis, unter erheblichem Kraftaufwand mit einem Brecheisen öffnen und sie dabei beschädigen. Er wollte also einbrechen, war also zur Verwirklichung des § 244 IV entschlossen.

K setzte, indem er das Brecheisen ansetzte, unmittelbar zur Qualifi- **117** kationsverwirklichung an. Er handelte auch rechtswidrig. Ob er strafbefreiend zurücktrat, ist angesichts des Wortlauts des § 27 irrelevant. Vorsätzliche rechtswidrige Haupttat des K ist §§ 242 I, 244 IV, 22.

bb) Hilfeleisten

H leistete objektiv Hilfe, indem er sich an der Planung beteiligte **118** und K psychisch unterstützte.

b) Subjektiver Tatbestand

H handelte vorsätzlich bezüglich Haupttat (hier überschießender **119** Vollendungsvorsatz) und Hilfeleisten.

c) Rechtswidrigkeit und Schuld

H handelte auch rechtswidrig und schuldhaft.   **120**

d) Ergebnis

H ist strafbar nach §§ 242 I, 244 IV, 22, 27.   **121**

7. H könnte sich durch dieselben Handlungen nach §§ 242 I, 244a I, 27 strafbar gemacht haben.

a) Objektiver Tatbestand

aa) Seitens K verwirklichte Haupttat

122   K verwirklichte den Tatbestand des § 242 I (s.o. 4. a) aa)–cc)). Fraglich ist, ob er auch § 244a I verwirklichte.

123   **Tipp:** Die folgende Reihenfolge der Prüfungspunkte ist nicht logisch zwingend.

(1) Bandendiebstahl

124   Hierfür müsste K einen Bandendiebstahl begangen haben, also zunächst Mitglied einer Bande gewesen sein, die sich zur fortgesetzten Begehung von Diebstählen verbunden hatte. Das setzt mindestens drei Personen voraus, die sich zur Begehung mehrerer selbstständiger, im Einzelnen ggf. noch ungewisser Taten zusammengeschlossen haben. H, J und K hatten verabredet, mehrere Diebstähle in den Wohnungen von Tierhaltern zu begehen, wobei jeder reihum Täter sein sollte. Sie bildeten also eine Bande i.S.d. § 244a I.

125   Die Tat müsste unter Mitwirkung eines anderen Bandenmitglieds (bandenmäßig) begangen worden sein. K handelte täterschaftlich als Bandenmitglied, das Bandenmitglied H als Gehilfe (s.o. 6.). Fraglich ist – das Wort „Mitwirkung" lässt dies sprachlich offen –, ob es ausreicht, wenn nur ein Mitglied täterschaftlich handelt und überdies das andere Mitglied lediglich im Vorbereitungsstadium aktiv geworden ist. Ablehnen kann man das, wenn man die erhöhte Eskalationsgefahr bei Tatausführung als Motiv der qualifizierten Sanktionierung des bandenmäßig begangenen Diebstahls ansieht. An dieser erhöhten Gefahr fehlt es nämlich in der betreffenden, also der hiesigen Konstellation. Dem ist aber entgegenzuhalten, dass der – bedeutendere – Grund für die Strafschärfung in der besonderen Gefahr liegt, die von kriminellen Organisationsstrukturen ausgeht. Diese Gefahr besteht aber unabhängig davon, ob bei der einzelnen Tatverwirklichung mehrere täterschaftlich und im Ausführungsstadium beteiligt waren oder aber nur als Teilnehmer und im Vorbereitungsstadium. Die enge Auslegung des Begriffs „Mitwirkung" verbietet sich daher. K beging den Diebstahl also objektiv bandenmäßig. Er handelte dabei auch vorsätzlich, verwirklichte also dieses Qualifikationsmerkmal.

126   **Tipp:** Wie dieses anspruchsvolle Qualifikationsmerkmal bearbeitet wird, ist für die Qualifikation des Gutachtens sehr erheblich. Klar

zu differenzieren ist zwischen den Merkmalen „Bande" und „bandenmäßige Begehung", wobei Ihnen die hier adressierte Streitfrage
(nur ein Bandenmitglied als Täter am Tatort), da sie auch den BGH
beschäftigt hat, bekannt sein sollte. Sie können auch die Gegenansicht vertreten, wonach § 244a I unerfüllt blieb. Zu prüfen ist dann
– separat – § 244 I Nr. 1. Die Prüfung des § 244 I Nr. 3 und der
§§ 244 I Nr. 3, 22 ist entbehrlich, da nach dem zur Prüfung des
§ 244 IV (oben) Festgestellten § 244 I Nr. 3 zwingend entfällt und
der versuchte Wohnungseinbruchdiebstahl (evident) hinter dem
versuchten Privatwohnungseinbruchdiebstahl zurücktritt.

Wer wie hier entscheidet, hat nun § 244 I Nr. 1, Nr. 3 und § 243 I
S. 2 zu prüfen, und zwar jede Variante unabhängig davon, ob eine
andere bereits als verwirklicht erkannt wurde – sonst ist das Gutachten nicht vollständig.

(2) § 244 I Nr. 1

K könnte nach § 244 I Nr. 1 lit. a Alt. 1 eine Waffe bei sich geführt **127**
haben. Waffen sind allerdings Gegenstände, die dazu bestimmt sind,
erhebliche Verletzungen bei Menschen hervorzurufen, was auf das von
K mitgeführte Brecheisen nicht zutraf. Dieses könnte indes ein gefährliches Werkzeug nach § 244 I Nr. 1 lit. a Alt. 2 gewesen sein. Annehmen kann man, dass die Gefährlichkeit objektiv im Sinne einer Eignung zur Verletzung von Personen (Waffenähnlichkeit) zu definieren
ist, was auf ein 50 cm langes, als Schlagwerkzeug einsetzbares Brecheisen zutrifft. Auch wenn man für die Bestimmung der Gefährlichkeit
typisierend auf die konkrete Situation abstellt, ist ausschlaggebend,
dass der von einer anderen Person überraschte Dieb diese typischerweise mit dem Brecheisen schlagen würde.

Tipp: Die gegenläufige Sachverhaltsinterpretation ist hier möglich. **128**

Beiden Auffassungen ist aber nicht zu folgen, da sie den Anwen- **129**
dungsbereich dieser Qualifikation allzu weit ausdehnen und es für die
Gefahr – und diese allein ist taugliche Rechtfertigung der hier normierten Strafschärfung – maßgeblich auf den Einsatzwillen des Täters
ankommt. Dass der Gesetzgeber einen Verwendungsvorbehalt in
§ 244 I Nr. 1 lit. b normiert hat, verbietet es nicht logisch zwingend,
einen solchen auch in Nr. 1 lit. a zu implementieren. K wollte aber das
Brecheisen nicht gegen Menschen einsetzen, also nicht als gefährliches
Werkzeug. Dieses Qualifikationsmerkmal blieb daher unerfüllt.

130   **Tipp:** Gut vertretbar kann man, auf der Basis eines der objektivierenden Interpretationsansätze, § 244 I Nr. 1 lit. a Alt. 2 als verwirklicht ansehen.

(3) § 244 I Nr. 3

131   Dieses Merkmal verwirklichte K mangels tauglicher Handlung nicht (s.o. 5.). Der Versuch des § 244 I Nr. 3 reicht als Basis für § 244a I nicht aus.

132   **Tipp:** Die Prüfung ist entbehrlich, eine kurze Erwähnung aber aus Klarstellungsgründen sinnvoll.

(4) § 243 I 2

133   **Tipp:** Als Merkmale des § 244a sind die in § 243 I 2 genannten Regelbeispiele als Tatbestandsmerkmale zu interpretieren, die also nicht bloß Indizwirkung entfalten.

134   Für die Verwirklichung des § 243 I 2 Nr. 1 fehlt es am erforderlichen Einbrechen oder Einsteigen (s.o. 5.). Auch Nr. 2 entfällt bezogen auf das Bargeld angesichts dessen, dass dieses nicht gegen Wegnahme besonders gesichert war. Indes befand sich die Kette in dem Schließfach als verschlossenem Behältnis, sodass K diesbezüglich § 243 I 2 Nr. 2 objektiv und subjektiv erfüllte.

135   Von den übrigen Regelbeispielen kommt ausschließlich Nr. 3 in Betracht. Gewerbsmäßig zu handeln setzt ein Handeln in der Absicht voraus, sich eine Einnahmequelle von einigem Umfang und einiger Dauer zu verschaffen. Diese subjektive Voraussetzung kann auch schon bei der ersten von mehreren geplanten Taten vorliegen. K hatte mit J und H den Plan gefasst, sich durch die Diebstähle einen dauerhaften Zusatzgewinn zu verschaffen. Dazu gehörte auch bereits die Tat des K, sodass er gewerbsmäßig handelte.

(5) Zwischenergebnis

136   K verwirklichte also tatbestandsmäßig die bandenmäßige Begehung sowie § 243 I 2 Nr. 2, Nr. 3, verwirklichte also § 244a I. Er handelte dabei auch rechtswidrig.

bb) H leistete hierzu objektiv Hilfe.

b) H handelte subjektiv tatbestandsmäßig, nämlich vorsätzlich.

c) Strafrahmenverschiebung nach § 28 II

Eine Strafrahmenverschiebung nach § 28 II zugunsten des H bezo- **137** gen auf die besonderen persönlichen Merkmale (vgl. § 14 I) der Bandenmitgliedschaft und der Gewerbsmäßigkeit entfällt, weil auch H diese Merkmale erfüllte.

d) Rechtswidrigkeit und Schuld

H handelte rechtswidrig und schuldhaft.   **138**

e) Ergebnis

H ist strafbar nach §§ 242 I, 244a I, 27 I.   **139**

8. Ergebnisse und Konkurrenzen

H verwirklichte durch dieselben Handlungen (Beteiligung an der **140** Planung und psychische Unterstützung des K), also handlungseinheitlich, Beihilfe zu §§ 303 I, 22, zu § 123 I Alt. 1 sowie zu §§ 242 I, 244 IV, 22 und zu §§ 242 I, 244a I.

Ein (Privat-)Wohnungseinbruchdiebstahl verdrängt zwar regelmäßig **141** die typischen Begleittaten § 303 I und § 123 I im Wege der Konsumtion. Das gilt aber nicht für den nur versuchten (Privat-)Wohnungseinbruchdiebstahl. Und das gilt auch nicht für den gewerbsmäßigen Bandendiebstahl nach § 244a I, da dieser nicht typischerweise mit dem Betreten einer Wohnung verbunden ist.

Was das Konkurrenzverhältnis von § 244 IV und § 244a I betrifft, **142** so ist evident, dass der nur versuchte § 244 IV mangels Erfolgsunrecht den vollendeten § 244a I nicht verdrängen kann. Annehmen könnte man zwar das Umgekehrte (Verdrängung des versuchten § 244 IV); das ist aber deswegen nicht plausibel, weil § 244a I (mit § 244a II) die – potentiell – geringere Strafdrohung normiert als § 244 IV; auch zielt § 244 IV auf den Schutz eines eigenständigen Rechtsguts (Unverletzlichkeit der Wohnung, mithin auch der psychischen Integrität). Aus Klarstellungsgründen ist daher auch hinsichtlich dieser beiden Diebstahlsqualifikationen § 52 anzuwenden.

Gesamtergebnis

H ist strafbar nach §§ 303 I, 22; 123 I Alt. 1; 242 I, 244 IV, 22; **143** 242 I, 244a I; 27 I; 52.

Kapitel 2. Raub und raubähnliche Delikte

A. Vorbemerkungen

Literatur: Aufsätze: *Bosch,* Der räuberische Angriff auf Kraftfahrer (§ 316a StGB) – Anmerkungen zu einer ungeeigneten Norm, JURA 2013, 1234–1245; *Dehne-Niemann,* Wissenswertes zum räuberischen Diebstahl (§ 252 StGB), JURA 2008, 742–749; *Kudlich/Aksoy,* Eins, zwei oder drei? – Zum Verhältnis von Raub, räuberischem Diebstahl und räuberischer Erpressung in der Fallbearbeitung, JA 2014, 81–87, **Übungsaufgaben:** *Duttge/Burghardt,* Anfängerübungsklausur: „Was ist der Einbruch in eine Bank gegen die Gründung einer Bank?" (Bertolt Brecht), JURA 2017, 727–737; *Jansen,* „Kein Geld für die Disco", JA 2017, 750–757; *Kinzig/Linke,* Fortgeschrittenenklausur – Strafrecht: Raubdelikte – Schlafende Hunde weckt man nicht, JuS 2012, 229–234; *Mitsch,* Examensfall: Rangeleien auf Bahnsteigen, ZJS 2014, 192–198; *Momsen/Laudien,* Examensklausur: Skate-by-night, ZJS 2017, 218–224; *Steinberg,* Originale Examensklausur „Elektrogeräte", Ad Legendum 2018, 49–56; *Steinberg/Stam,* Übungsfall: Der geheime Safe, ZJS 2011, 539–543.

Im „Zwanzigsten Abschnitt. Raub und Erpressung" befindet sich **144** der Straftatbestand des Raubs, § 249 StGB, mit seinen in §§ 250, 251 StGB normierten Qualifikationen, wobei § 251 StGB, als Erfolgsqualifikation, besonderer Aufmerksamkeit bedarf. Anspruchsvoll sind aber auch, als raubähnliche Sonderdelikte, der räuberische Diebstahl, § 252 StGB, und die räuberische Erpressung, §§ 253, 255 StGB, die ebenfalls durch die §§ 250, 251 StGB qualifiziert werden. Wenn auch andernorts im Strafgesetzbuch, so stehen doch auch in sachlicher Nähe zu den genannten Normen die §§ 239a, 239b sowie § 316a StGB, hinsichtlich derer Ihnen ebenfalls bestimmte Details und Problemstellungen bekannt sein sollten.

Die folgenden beiden Übungsfälle „Zehntausend Euro" und „Ge- **145** fährlicher Ruhm" greifen zentrale Problemstellungen all dieser Normen auf. Ich habe die Aufgaben im Sommersemester 2016 bzw. im Wintersemester 2017/18 als Klausuren in der Großen Übung gestellt.

B. Übungsfall „Zehntausend Euro"

I. Aufgabenstellung

146   Severin (S) fuhr am Abend mit dem Auto heim. Vor seinem Haus angekommen, zog er die Handbremse, stellte den Motor aus und wollte gerade den Zündschlüssel abziehen. In diesem Moment riss der hünenhafte Quirin (Q) die Fahrertür auf und drückte den schmächtigen S vom Fahrersitz auf den Beifahrersitz. Q setzte sich ans Steuer, schaltete den Motor ein, fuhr mit dem neben ihm sitzenden S zu dessen vor der Stadt einsam liegendem Kleingarten, stoppte, zog die Handbremse, stellte den Motor aus und sagte zu S: „Ich weiß, dass in der Gartenhütte 10.000,- € in bar versteckt sind. Bringen Sie mir sofort das Geld, sonst gibt's Schläge." S gehorchte, obwohl er davon ausging, dass ohne sein Zutun Q das Geld nicht finden würde. Q steckte das Geld ein und verschwand zu Fuß.

147   Das Geld händigte Q, wie zuvor vereinbart, dem Peter (P) aus. Da Q dem P aus alten Tagen noch eine Gefälligkeit schuldete, hatte er die Aktion gegen den S gern entsprechend der Aufforderung und dem präzisen Tatplan des P ausgeführt. Dass S dem P die 10.000,- € geschuldet hatte, wie P dem dies glaubenden Q versicherte, traf, wie P wusste, allerdings nicht zu.

Bearbeitervermerk

148   Prüfen Sie die Strafbarkeit von P und Q nach dem Strafgesetzbuch!

II. Musterlösung

Tipp: Erfolgreich lösen kann diese Aufgabe, wer sich die Struktur   **149**
klarmacht: Zunächst ist zu prüfen, welche Delikte Q als der Tatnä-
here verwirklicht. Dabei werden einige Deliktsverwirklichungen
daran scheitern, dass Q glaubte, P habe einen Anspruch auf das von
Q dem S abgenötigte Geld.

Sodann ist die Strafbarkeit des P zu prüfen, nämlich erstens, ob er
bezogen auf die von Q nicht verwirklichten Delikte mittelbarer Täter kraft überlegenen Wissens war, zweitens, ob er wegen Mittäterschaft oder Teilnahme an den von Q verwirklichten Delikten strafbar ist.

1. Strafbarkeit des Q

a) Erster Tatkomplex: Vor dem Haus des S

Tipp: Die Abfolge der zu prüfenden Delikte orientiert sich primär   **150**
an der Chronologie der natürlichen Handlungen des Täters. Kommen für dieselbe natürliche Handlung mehrere Delikte in Betracht,
wird in absteigender Reihenfolge nach dem angeordneten Strafrah-
men geprüft. Andere Reihenfolgen sind allenfalls dann zulässig,
wenn sie einem nachvollziehbaren logischen Muster folgen (ich rate
davon ab).

*aa) Q könnte sich nach § 316a I[3] strafbar gemacht haben, indem er
den S auf den Beifahrersitz drückte.*

Der objektive Tatbestand erfordert, dass S zum Zeitpunkt der Tat- **151**
handlung Führer eines Kraftfahrzeugs ist. Fahrzeugführer ist, wer mit
dem Betrieb des Fahrzeugs und der Bewältigung von Verkehrsvorgän-
gen beschäftigt ist. Als Q den S auf den Beifahrersitz drückte, hatte S
den Motor aber bereits abgestellt und die Handbremse gezogen. Er war
daher nicht mehr mit dem Betrieb des Autos beschäftigt, also kein
Kraftfahrzeugführer. Der objektive Tatbestand ist nicht erfüllt. Q ist
nicht strafbar nach § 316a I.

Tipp: Vertretbar ist es anzunehmen, dass S das Fahrzeug noch   **152**
führte. Dann sollten Sie den objektiven Tatbestand aber daran
scheitern lassen, dass Q nicht objektiv die besonderen Verhältnisse

---

[3] §§ ohne Gesetzesangabe sind solche des StGB.

des Straßenverkehrs ausnutzte. Diesbezüglich ist eine andere Ansicht (angesichts des Erfordernisses enger Auslegung wegen des hohen Strafrahmens der Norm) allenfalls mit sehr guter Begründung noch vertretbar.

bb) Q könnte sich durch dieselbe Handlung sowie das anschließende Losfahren nach § 239a I Alt. 1 strafbar gemacht haben.

153   **Tipp:** § 239a I bildet selten den Schwerpunkt einer Klausur. Bekannt sein sollte Ihnen aber: Die Norm enthält zwei ganz unterschiedlich strukturierte Tathandlungsvarianten. Die erste erfordert objektiv lediglich ein (Entführen oder anders geartetes) Bemächtigen, subjektiv überschießend die Erpressungsabsicht. Hingegen erfordert die zweite Alternative, dass der Täter sich des Opfers (durch Entführung oder anders) bemächtigt hat und dann auch objektiv erpresst, wobei er allerdings den Erpressungsvorsatz im Zeitpunkt der Bemächtigung noch nicht gefasst haben muss. Es ist daher wichtig, dass Sie insoweit klar differenzieren und zu diesem Zweck bereits im Obersatz § 239a I präzise („Alt. 1" oder „Alt. 2") zitieren. § 239b I ist übrigens insoweit strukturanalog aufgebaut.

(1) Objektiver Tatbestand

154   Q müsste einen anderen Menschen entführt haben. Dafür bedarf es der Verbringung des Opfers gegen dessen Willen an einen anderen Ort, an dem es dem ungehemmten Einfluss des Täters ausgesetzt ist. Dies verwirklichte Q, indem er den S gegen dessen Willen zum einsam gelegenen Garten fuhr, wobei er auch die im Zwei-Personen-Verhältnis zu fordernde, insbesondere durch Ortveränderung gekennzeichnete „stabilisierte Bemächtigungslage" herbeiführte. Q entführte also den S, erfüllte mithin den objektiven Tatbestand.

155   **Tipp:** Auch die Diskussion um die „stabile Bemächtigungslage" sollte Ihnen bekannt sein: Sinnvollerweise fordert der BGH eine solche im Zwei-Personen-Verhältnis, das heißt, wenn das Entführungs- auch das (vorgesehene) Erpressungsopfer ist. Verhindert wird hierdurch, dass Konstellationen, die traditionell unter §§ 253, 255 subsumiert werden (A hält den B fest und nötigt ihn mittels Androhung von Schlägen, Geld herauszugeben.), den Tatbestand des § 239a I Alt. 1 erfüllen (mit der Folge einer nicht unter fünfjährigen Freiheitsstrafe!). Notwendig ist diese teleologische Restriktion also, weil der Wortlaut des § 239a I schlecht, nämlich zu weit gefasst ist.

(2) Subjektiver Tatbestand

Q entführte den S vorsätzlich. Zudem erfordert der Tatbestand, dass **156** der Täter die Sorge des Opfers oder eines Dritten zu einer Erpressung ausnutzen will. Fraglich ist, ob Q plante, nach Ankunft beim Kleingarten § 253 I zu verwirklichen.

Tipp: Eine Inzidentprüfung ist hier unvermeidlich, wenn man nicht **157** vom – unangreifbaren – Prinzip chronologischer Prüfung abgehen will.

Q müsste geplant haben, ein Erpressungsmittel einzusetzen. Er **158** wollte mit einem empfindlichen Übel drohen, nämlich mit „Schlägen". Damit wollte er plangemäß bezwecken, den S zu einer Handlung, nämlich zur Herausgabe von 10.000.- € Bargeld zu nötigen. Der Streit, ob die abgenötigte Handlung eine Vermögensverfügung, also ein unmittelbar vermögensminderndes Verhalten sein muss, kann dahinstehen angesichts dessen, dass die von Q intendierte Geldherausgabe des S eine solche Verfügung gewesen wäre, nämlich den vermögensrelevanten Verlust des Besitzes am Gelde bewirkt hätte.

Schließlich müsste Q Vorsatz bezüglich eines bei S eintretenden **159** Vermögensschadens, also negativen Saldos gehabt haben. Nach Vorstellung des Q sollte S durch die Übergabe zwar den Besitz an 10.000,- € Bargeld verlieren, jedoch gleichzeitig von einem Anspruch in derselben Höhe, den P nach der Vorstellung des Q gegen den S hatte, freiwerden (§ 362 I BGB). Nach der Vorstellung des Q sollte S also keinen Vermögensschaden erleiden. Q wollte den S mithin nicht erpressen. Der subjektive Tatbestand ist also nicht erfüllt.

Tipp: Zulässig (und nicht ohne Eleganz) wäre es, § 253 I hier nicht **160** schulmäßig zu prüfen, sondern sogleich – mit negativem Ergebnis – das Tatbestandsmerkmal des Schadens.

(3) Ergebnis

Q ist nicht strafbar nach § 239a I Alt. 1. **161**

cc) Q könnte sich durch dieselben Handlungen nach § 239b I Alt. 1 strafbar gemacht haben.

Q verwirklichte mittels Entführung des S den objektiven Tatbestand **162** und handelte auch vorsätzlich (s.o.). Daneben erfordert der subjektive Tatbestand, dass der Täter in der Absicht handelt, das Opfer oder einen Dritten mit einem qualifizierten Nötigungsmittel (Drohung mit Tod oder schwerer Körperverletzung bzw. Freiheitsentziehung von über

einer Woche Dauer) zu einem Tun, Dulden oder Unterlassen zu bewegen. Q wollte hingegen keines der genannten Mittel einsetzen, so dass
er den subjektiven Tatbestand nicht erfüllte. Er ist nicht strafbar nach
§ 239b I Alt. 1.

*dd) Q könnte sich durch dieselben Handlungen nach § 249 I bezüglich
des Autos strafbar gemacht haben.*

(1) Objektiver Tatbestand

163   Als Raubmittel kommt Gewalt gegen eine Person in Betracht. Das
ist eine gegen einen Menschen gerichtete körperliche Tätigkeit, durch
die körperlich wirkender Zwang zwecks Überwindung eines erwarteten oder geleisteten Widerstands ausgeübt wird. Indem Q den S vom
Fahrersitz auf den Beifahrersitz wegdrückte, übte er gegen ihn körperlichen Zwang in Form von *vis absoluta* aus. Q wendete also Gewalt als
taugliches Raubmittel an.

164   Q müsste eine fremde bewegliche Sache weggenommen haben. Das
Auto war eine bewegliche Sache und für den Q, da im Eigentum eines
anderen, hier des S stehend, auch fremd. Wegnahme ist der Bruch
fremden und die Begründung neuen Gewahrsams. Gewahrsam ist die
tatsächliche willensgetragene Sachherrschaft unter Berücksichtigung
der Verkehrsauffassung. Nach dieser hat jedenfalls Gewahrsam am
Wagen, wer diesen steuert. Indem Q den S vom Fahrersitz wegdrückte
und sich selbst auf den Fahrersitz setzte, bewirkte er also einen Gewahrsamswechsel. Dieser war auch ein Bruch, erfolgte nämlich mittels
absoluter Gewalt gegen den Willen des früheren Gewahrsamsinhabers
S. Q nahm das Auto weg.

(2) Subjektiver Tatbestand

165   Q handelte vorsätzlich. Zusätzlich erfordert der subjektive Tatbestand die Absicht der rechtswidrigen Zueignung. Diese setzt den Vorsatz voraus, den Eigentümer der Sache faktisch dauerhaft aus seiner
Position zu verdrängen. Q plante von Anfang an, das Auto nur als
Transportmittel zum Gartenhaus zu nutzen und es dem S danach wieder zu überlassen. Mithin hatte er keinen Enteignungsvorsatz. Der
subjektive Tatbestand ist nicht erfüllt.

(3) Ergebnis

166   Q ist nicht strafbar nach § 249 I.

ee) Q könnte sich durch dieselben Handlungen nach §§ 253 I, 255
bezüglich des Autos strafbar gemacht haben.

(1) Objektiver Tatbestand

Q wendete Gewalt gegen eine Person als taugliches Mittel einer **167**
räuberischen Erpressung an (s.o.). Der Nötigungserfolg lag darin, dass
S den Fahrersitz verließ. Strittig ist, ob es für die Erpressung einer
Vermögensverfügung bedarf. Der Wortlaut der Norm fordert sie nicht,
wonach der von Q erzielte Nötigungserfolg ausreichen würde. Vorteil
dieser Interpretation ist, dass sie praktisch die Beweissituation erleich-
tert, weil jeder Raub auch eine räuberische Erpressung ist. Auch ver-
meidet diese Interpretation eine Strafbarkeitslücke (Bestrafung weder
nach § 249 noch nach §§ 253, 255) für die Konstellation, das der Täter
mit absoluter Gewalt und zugleich ohne Zueignungsabsicht handelt.

Entgegenzuhalten ist, was diese letztere Konstellation betrifft, dass **168**
der Täter auch in dieser Konstellation meist nicht straffrei bleibt. Tiefer
gehend verwischt diese Interpretation, nach der §§ 253, 255 leges
generales im Verhältnis zu § 249 I sind, dass die Erpressung – in
struktureller Nähe zum Betrug und im Gegensatz zum Raub – ein
Selbstschädigungsdelikt ist, also in einem Exklusivitätsverhältnis zum
Raub steht. Zwecks Gewährleistung einer klaren Gesetzessystematik
ist daher in § 253 I das ungeschriebene Merkmal der Vermögensverfügung zu implementieren.

Tipp: So fordert es die herrschende Lehre. Man kann selbstver- **169**
ständlich auch der gegenteiligen Ansicht des BGH folgen – wonach
Q eine räuberische Erpressung bezogen auf das Tatobjekt Auto
realisierte.

Die Entscheidung dieses Streits impliziert zugleich die Entscheidung des weiteren Streits, ob für die Bestimmung der Vermögensverfügung auf das äußere Erscheinungsbild (BGH) oder die innere
Willensrichtung des Opfers (herrschende Lehre) abzustellen ist.
Daher wird hier, siehe sogleich, der letzteren gefolgt, auch wenn
der BGH im Fall zum selben Ergebnis käme: Man kann nicht mehr
offenlassen, welcher Auffassung man folgt, da mit dem ersten Streit
(Verhältnis des § 249 zu den §§ 253, 255) der zweite (Kriterium der
Vermögensverfügung) bereits mitentschieden ist.

Entscheidend für die Feststellung einer Vermögensverfügung muss **170**
nach dieser Normdeutung die innere Einstellung des Opfers (und nicht
das äußere Erscheinungsbild der Tat) sein. Der körperlich schwächere
S ging davon aus, sich nicht erfolgreich dagegen wehren zu können,

dass Q ihn wegschob. S verfügte also nicht über sein Vermögen. Der objektive Tatbestand des § 253 I entfällt.

(2) Ergebnis

171   Q ist nicht strafbar nach §§ 253, 255.

ff) Q könnte sich durch dieselben Handlungen nach § 239 I strafbar gemacht haben.

172   Den objektiven Tatbestand verwirklichte Q mittels Freiheitsberaubung, nämlich Entführung des S, wobei er auch vorsätzlich handelte. Q handelte auch rechtswidrig sowie schuldhaft. Er ist strafbar nach § 239 I.

gg) Q könnte sich durch dieselben Handlungen nach § 240 I strafbar gemacht haben.

173   Q realisierte den objektiven Tatbestand, indem er den S mittels absoluter Gewalt nötigte, auf den Beifahrersitz zu wechseln (s.o.). Er handelte vorsätzlich. Q handelte auch rechtswidrig, insbesondere war die Gewaltanwendung verwerflich i.S.v. § 240 II. Q handelte auch schuldhaft und ist im Ergebnis strafbar nach § 240 I.

hh) Die Strafbarkeit nach § 248b I wegen des Losfahrens tritt aufgrund formeller Subsidiarität hinter § 239 I zurück.

174   **Tipp:** Eine andere Ansicht ist mit der Begründung vertretbar, dass die Subsidiaritätsregel nur bei sog. relativer Subsidiarität, also gleicher oder ähnlicher Schutzrichtung des vorrangigen Delikts, greift. Ich meine, man sollte nicht erwarten, dass Bearbeiterinnen/Bearbeiter das erörtern.

ii) Konkurrenzen und Ergebnisse

175   Q verwirklichte handlungseinheitlich § 239 I und § 240 I. Es besteht keine Gesetzeskonkurrenz angesichts dessen, dass die Verwirklichung des § 240 I einen – neben der Freiheitsberaubung – eigenständigen Nötigungserfolg brachte, nämlich die Duldung der Fahrzeugnutzung. Mithin ist Q strafbar nach §§ 239 I, 240 I, 52.

b) Zweiter Tatkomplex: Bei der Gartenhütte

aa) Q könnte sich nach § 316a I strafbar gemacht haben, indem er S aufforderte, das Geld zu holen, „sonst gebe es Schläge".

176   Objektiv war S als Mitfahrer grundsätzlich ein taugliches Opfer. Indes müsste der Pkw im Zeitpunkt der Tathandlung noch geführt worden sein, wohingegen Q seine Äußerung erst tätigte, nachdem er den Motor ausgeschaltet und die Handbremse gezogen hatte, also nicht mehr führte. Hieran scheitert die Realisierung des objektiven Tatbestands, also auch die Strafbarkeit des Q.

Tipp: Die frühere Linie des BGH, nach der der Mitfahrer auch **177** nach Anhalten (und sogar, nachdem er ausgestiegen war) Mitfahrer blieb, ist heute allenfalls mit sehr guter Begründung noch vertretbar. M.E. muss sie nicht mehr diskutiert werden.

bb) Q könnte sich durch dieselbe Handlung und die Entgegennahme des Geldes nach § 239a I Alt. 2 strafbar gemacht haben.

(1) Objektiver Tatbestand

S befand sich in einer von Q zuvor mittels Entführung (s.o. 1. a) ff)) **178** geschaffenen Lage i.S.d. § 239a I. Q müsste diese Lage zu einer Erpressung ausgenutzt, also eine Erpressung nach § 253 I begangen haben. Q setzte als taugliches Nötigungsmittel die Drohung, ihn zu schlagen, ein (s.o). Er erzielte hierdurch den Nötigungserfolg, dass S das Bargeld herausgab, was eine Vermögensverfügung war (s.o.). Der Verlust des Besitzes am Bargeld, den S durch die Aushändigung erlitt, wurde mangels Bestehens eines Anspruchs seitens P auch nicht durch ein Freiwerden von diesem Anspruch kompensiert. Q realisierte also eine Erpressung durch Ausnutzung der Sorge des S um sein Wohl, verwirklichte also den objektiven Tatbestand des § 239a I Alt. 2.

(2) Subjektiver Tatbestand

Q handelte vorsätzlich bezogen auf die Bemächtigungslage sowie **179** auf den Einsatz des Nötigungsmittels und -erfolgs. Hingegen ging er nicht davon aus, dass S einen Schaden erlitt (s.o.). Der subjektive Tatbestand ist also nicht erfüllt.

(3) Ergebnis

Q ist nicht strafbar nach § 239a I Alt. 2. **180**

Tipp: Nach den Ausführungen zu § 239a I Alt. 1 (s.o. 4. a) bb)) lag **181** dieses Ergebnis auf der Hand, so dass die Prüfung auch kürzer gefasst werden kann. Klar spezifizieren muss man allerdings, woran die Strafbarkeit des Q nach §§ 253 I, 255 scheitert, da dies der Anknüpfungspunkt für die mittelbare Täterschaft des P (s.u. 2. c)) ist.

cc) Q könnte sich durch dieselben Handlungen nach § 249 I strafbar gemacht haben.

182   Objektiv setzte Q die Drohung mit Schlägen als Raubmittel ein. Mit der Übergabe des Geldes fand ein Gewahrsamswechsel statt. Fraglich ist, ob es sich auch um einen Bruch handelte, was nicht der Fall ist, wenn S verfügte. S ging davon aus, dass Q das Geld alleine nicht finden würde, sodass seine Mitwirkung nach seiner Vorstellung für den Gewahrsamsübergang notwendig war. S verfügte also, so dass Q den Gewahrsam nicht brach. Q beging objektiv keinen Raub, ist also insoweit nicht strafbar.

183   **Tipp:** Wer oben dem BGH gefolgt ist, muss dies auch hier tun und auf das äußere Erscheinungsbild abstellen. Da S dem Q das Geld übergab, fehlt es demnach ebenso an der Wegnahme. Grob falsch wäre es, hier einer anderen Sicht zu folgen als oben: Wenn Sie einen Streit entscheiden, so tun Sie das für das gesamte Gutachten.

dd) Eine Strafbarkeit des Q nach §§ 253 I, 255 wegen derselben Handlungen scheidet aus mangels Vorsatzes des Q bezüglich einer Vermögensschädigung des S (s.o.).

ee) Q hat sich durch dieselben Handlungen jedoch nach § 240 I strafbar gemacht.

c) Konkurrenzen und Ergebnis zur Strafbarkeit des Q

184   Q hat sich im ersten Tatkomplex nach §§ 239 I, 240 I, 52 strafbar gemacht. Im zweiten Tatkomplex ist er strafbar nach § 240 I. Die Handlungen wurden vom selben Tatplan getragen, also durch eine Handlung begangen mit der Rechtsfolge des § 52 I Alt. 2. Q ist daher insgesamt strafbar nach §§ 239 I, 240 I, 52.

2. Strafbarkeit des P

185   **Tipp:** Zu prüfen ist nun zunächst, ob P als mittelbarer Täter diejenigen Delikte verwirklichte, die Q aufgrund seiner Vorstellung, dass S dem P das Geld schuldete, nicht verwirklichte. Das untersuche ich entsprechend der bezüglich der Strafbarkeit des Q gewählten Reihenfolge, beginne also mit dem „ersten Tatkomplex" (s.o. 1. a)). § 316a ist nicht zu prüfen, da Q ihn aus anderen Gründen nicht verwirklichte. Es ist daher jetzt zunächst § 239a I Alt. 1 anzugehen.

a) P könnte sich nach §§ 239a I Alt. 1, 25 I Alt. 2 strafbar gemacht haben, indem er Q erklärte, S schulde ihm 10.000,- €, und Q aufforderte, den S auf den Beifahrersitz zu drücken, diesen in dessen Auto zur Gartenhütte zu fahren und unter Androhung von Schlägen zu veranlassen, das Bargeld herauszugeben.

aa) Objektiver Tatbestand

Den objektiven Tatbestand des § 239a I Alt. 1 verwirklichte Q, in- **186** dem er den S auf den Beifahrersitz drängte (s.o.). Dies könnte dem P nach § 25 I Alt. 2 zugerechnet werden, wenn nämlich P mittelbarer Täter war. Den hierfür erforderlichen kausalen Beitrag leistete P durch seine an Q gerichtete Aufforderung zu handeln. Das sodann erforderliche Strafbarkeitsdefizit bei Q als potentiellem Tatmittler liegt darin, dass er den subjektiven Tatbestand des § 239a I Alt. 1 nicht verwirklichte (s.o.).

Auf dieses Defizit müsste sich, als dritte Zurechnungsvoraussetzung **187** des § 25 I Alt. 2, die Tatherrschaft des P gegründet haben. Im Gegensatz zu Q wusste P, dass er keinen Anspruch gegen den S hatte; er wusste also, dass das von Q – plangemäß durch das Entführen herbeizuführende – Abnötigen der Geldherausgabe eine Erpressung war, wusste also, dass unter Zugrundelegung der wahren Tatsachen das, was Q tat, ein erpresserischer Menschenraub war. Aus dem betreffenden Wissensdefizit des Q resultierte also die Wissensherrschaft des P.

Allerdings muss beachtet werden, dass Q wegen dieser Handlung **188** nicht straffrei blieb, sondern strafbar nach §§ 239 I, 240 I, 52 ist. P müsste also Täter hinter dem Täter gewesen sein. Tatherrschaft kann hier daraus resultieren, dass der Tatmittler zwar Straftaten begeht, jedoch lediglich solche, die überaus weit hinter dem Unrechtsgehalt derer zurückbleiben, die der Hintermann kraft seines überlegenen Wissens realisiert. Das Unrechtsgefälle zwischen den Vergehen der Freiheitsberaubung und Nötigung einerseits und dem Verbrechen § 239a I andererseits ist überaus hoch (vgl. Strafdrohung). Auch stellt sich das Geschehen nach dem Wissenshorizont des P als ein ganz anderes dar als nach dem des Q; den sozialen Sinngehalt hatte nur P erfasst, so dass er – durch Q – eine eigene, von ihm selbst beherrschte Tat beging. P war also Täter hinter dem Täter, also mittelbarer Täter. Demnach kann ihm die Handlung des Q zugerechnet werden. P erfüllte den objektiven Tatbestand.

Tipp: Sie können die Figur des „Täters hinter dem Täter" in dieser **189** Konstellation auch als nicht gegeben ansehen. Wichtig ist allerdings, dass dieses zentrale Streitfeld des Falles sorgfältig erörtert wird.

Übrigens war Q nicht „absichtslos-doloses Werkzeug" im engeren
Sinn. Er handelte zwar bezogen auf § 239a I Alt. 1 objektiv tatbestandsmäßig, vorsätzlich und ohne die erforderliche überschießende
Erpressungsabsicht. Aber das „absichtslos-dolose Werkzeug" (nach
dem in der Diskussion verwendeten Begriff) unterliegt keinem Irrtum, sondern kann lediglich aufgrund der Gesetzesfassung nicht
tatbestandsmäßig handeln (Beispiel: Der Täter verwirklicht den
objektiven Tatbestand des § 252, dies aber nicht, um sich, sondern
einen anderen im Besitz der Beute zu erhalten. Er kann subjektiv
nicht tatbestandsmäßig handeln, weil die Drittbesitzerhaltungsab-
sicht – anders als die Drittzueignungsabsicht in § 242 I – nicht
normiert ist.); diskutiert wird, ob dies zu einer „normativen Tatherrschaft" des Hintermanns, also zu einer Zurechnung nach § 25 I
Alt. 2 führt. Die hiesige Konstellation ist eine andere, weil Q das
Faktum nicht kannte, dass S dem P kein Geld schuldete, und weil
hierauf die Tatherrschaft des P beruhte.

bb) Subjektiver Tatbestand

190   P handelte vorsätzlich bezogen darauf, dass Q den objektiven Tatbestand des § 239 I Alt. 1 beging und auch bezogen auf die Tatsachen,
die zu der Zurechnung der Tathandlung des Q nach § 25 I Alt. 2 führen. P handelte darüber hinaus in der Absicht, die Sorge des S um sein
Wohl zu einer Erpressung auszunutzen bzw. durch Q ausnutzen zu
lassen. Er verwirklichte auch den subjektiven Tatbestand.

cc) Rechtswidrigkeit und Schuld

191   P handelte rechtswidrig und schuldhaft.

dd) Ergebnis

192   P ist strafbar nach §§ 239a I Alt. 1, 25 I Alt. 2.

193   **Tipp:** Bezogen auf die Strafbarkeit des Q wurde oben nach § 239a I
Alt. 1 sodann § 239b I Alt. 1 geprüft (s.o. 1. a) cc)). Insoweit erüb-
rigt es sich, eine mittelbare Täterschaft des P zu prüfen, da P die
dort geforderte Absicht (eine besonders qualifizierte Drohung aus-
zusprechen oder aussprechen zu lassen) ohnehin nicht aufwies.

Die bezüglich Q sich bezogen auf dieselbe Handlung anschließende
Prüfung der Strafbarkeit nach § 249 I scheiterte mangels Zueignungsabsicht bezogen auf das Auto (s.o. 1. a) dd) (2)), die dem P –
evident – ebenfalls fehlte. Wer (wie hier) mit der herrschenden Lehre die Strafbarkeit des Q nach §§ 253, 255 wegen derselben Handlung an der fehlenden Vermögensverfügung scheitern lässt (s.o. 1.

a) ee) (1)), muss die Strafbarkeit des P nach diesen Normen nicht prüfen.

Es ist daher jetzt zu klären, ob P bezogen auf den zweiten von Q verwirklichten Tatkomplex mittelbarer Täter war. Es sind also jetzt erstens § 239a I Alt. 2 und zweitens §§ 253, 255 – jeweils mit § 25 I Alt. 2 – anzugehen.

b) P könnte sich durch dieselben Handlungen nach §§ 239a I Alt. 2, 25 I Alt. 2 strafbar gemacht haben.

Q verwirklichte, an der Gartenhütte angekommen, mit der Auffor- **194** derung an den Q, Geld herauszugeben, den objektiven Tatbestand des § 239a I Alt. 2. Die tatbestandskausale Handlung ist dem P nach § 25 I Alt. 2 zuzurechnen (analoge Argumentation wie bezogen auf § 239a I Alt. 1). P verwirklichte also objektiv §§ 239a I Alt. 2, 25 I Alt. 2.

P handelte zudem vorsätzlich bezogen auf die Tatbestandsverwirkli- **195** chung seitens Q sowie bezogen auf die nach § 25 I Alt. 2 erforderlichen Zurechnungsvoraussetzungen. Er handelt auch rechtswidrig und schuldhaft und ist strafbar nach §§ 239a I Alt. 2, 25 I Alt. 2.

c) P könnte sich durch dieselben Handlungen nach §§ 253 I, 255, 25 I Alt. 2 strafbar gemacht haben.

aa) Objektiver Tatbestand

Q verwirklichte den objektiven Tatbestand der §§ 253 I, 255 (s.o.). **196** Fraglich ist, ob dies dem P entsprechend der oben zu § 239a I Alt. 1 gegebenen Argumentation zuzurechnen ist. Die Konstellation ist strukturanalog abgesehen davon, dass hier das Unrechtsgefälle zwischen dem Delikt, das Q verwirklichte (§ 240 I) und dem Delikt, das er – mit Wissen des Q – lediglich objektiv verwirklichte (§§ 253, 255), deutlich geringer ist. §§ 253, 255 ordnen nämlich, anders als § 239a I, als Mindeststrafe nicht fünf, sondern nur ein Jahr Freiheitsstrafe an. Aber auch zwischen Nötigung und räuberischer Erpressung liegt eine erhebliche Differenz in der Strafandrohung; nur die letzte Tat ist ein Verbrechen und nur sie weist die nach dem Willen des Gesetzgebers besonders streng zu sanktionierende Stoßrichtung gegen zwei unterschiedliche Rechtsgüter (Willensentschließungsfreiheit und Vermögen) auf. Auch hier ist daher im Ergebnis das Unrechtsgefälle hinreichend groß, um Tatherrschaft des P als Täter hinter dem Täter zu generieren. P verwirklichte also den objektiven Tatbestand der §§ 253 I, 255, 25 I Alt. 2.

197   **Tipp:** Sie können das auch anders sehen. Wichtig ist, dass aus der
Entscheidung, den P für einen mittelbaren Täter des § 239a I zu
erklären, noch nicht logisch zwingend folgt, dass er auch die räuberische Erpressung in mittelbarer Täterschaft beging. Hier ist also
nochmals ein gewisser Begründungsaufwand zu leisten.

bb) Subjektiver Tatbestand

198   P handelte vorsätzlich bezogen auf die Verwirklichung des objektiven Tatbestands seitens Q und auf die Voraussetzungen der Zurechnung nach § 25 I Alt. 2; auch beabsichtigte er seine rechtswidrige
Bereicherung. Er erfüllte den subjektiven Tatbestand.

cc) Rechtswidrigkeit und Schuld

199   P handelte rechtswidrig und schuldhaft.

dd) Ergebnis

200   P ist strafbar nach §§ 253 I, 255, 25 I Alt. 2.

201   **Tipp:** Nachdem nun erschöpfend geprüft wurde, inwieweit P mittelbarer Täter war, ist zu erörtern, ob P an den von Q (auch subjektiv) verwirklichten Taten beteiligt war. Hier die Mittäterschaft zu
überspringen und sogleich Anstiftung zu prüfen, wäre ein grober
Fehler.

**d) P könnte sich durch dieselben Handlungen nach §§ 239 I, 25 II
strafbar gemacht haben.**

aa) Objektiver Tatbestand

202   Q verwirklichte den Tatbestand des § 239 I (s.o.). Dem P könnte
dessen Tathandlung als Mittäter nach § 25 II zuzurechnen sein. Nach
der subjektiven Theorie genügt hierfür in objektiver Hinsicht jeder
Verursachungsbeitrag, also bereits die Tatsache, dass P den Q zur Tat
aufforderte. Dieser Sicht ist aber nicht zu folgen, weil sie dem Willen
(animus auctoris/socii) allzu viel Gewicht einräumt, dadurch zu einem
Täter- statt Tatstrafrecht tendiert und zudem Unsicherheiten in der
Anwendungspraxis kreiert. Die Tatherrschaftslehre fordert, dass die
Mittäter das Geschehen gestaltend in den Händen halten. P war an der
Tatausführung nicht direkt beteiligt und hatte keine Möglichkeit, ins
Tatgeschehen einzugreifen, so dass P nach der eng verstandenen Tat-
herrschaftslehre nicht Mittäter war. Zwar kann nach einem weiteren
Verständnis dieser Lehre auch ein wesentlicher Beitrag im Vorberei-
tungsstadium Tatherrschaft generieren; das ist allerdings nur anzuneh-

men, wenn dieser Beitrag tatbestimmend ist. Einen detaillierten Tatplan zu schmieden, reicht hierfür nur dann aus, wenn dieser eine besondere Komplexität oder Präzision aufweist. Die Aufforderung des P an Q, den S beim Aussteigen aus dem Auto zu überfallen, ihn zur Gartenhütte zu fahren und ihm dort 10.000.- abzunötigen, reicht hierfür nicht aus. Auch nach dem weiten Verständnis der Tatherrschaftslehre war P also nicht Mittäter. Er erfüllte also nicht den objektiven Tatbestand des §§ 239 I, 25 II.

bb) Ergebnis

P ist nicht strafbar nach §§ 239 I, 25 II. **203**

> **Tipp:** Sie können § 25 II auch für gegeben ansehen, indem Sie **204** entweder der subjektiven Theorie folgen oder Tatherrschaft nach der weiteren Tatherrschaftslehre annehmen.

e) P könnte sich durch dieselbe Handlung nach §§ 239 I, 26 strafbar gemacht haben.

Objektiv verwirklichte Q § 239 I als vorsätzliche, rechtswidrige **205** Haupttat. Zu dieser stiftete P ihn objektiv an, rief nämlich durch intellektuelle Kontaktaufnahme dessen Tatentschluss hervor. P handelte dabei mit („doppeltem") Anstiftervorsatz sowie rechtswidrig und schuldhaft und ist strafbar nach §§ 239 I, 26.

f) Durch dieselbe Handlung hat sich P auch nach §§ 240 I, 26 strafbar gemacht.

3. Konkurrenzen und Gesamtergebnis

a) Q ist strafbar nach §§ 239 I, 240 I, 52.

b) Strafbarkeit des P

P verwirklichte §§ 239a I Alt. 1, 25 I Alt. 2, §§ 239a I Alt. 2, 25 I **206** Alt. 2, §§ 253 I, 255, 25 I Alt. 2, §§ 239 I, 26 und §§ 240 I, 26. Die Taten stehen in Handlungseinheit, beruhten nämlich auf demselben Plan und wurden durch dieselbe natürliche Handlung verwirklicht.

Keine Gesetzeskonkurrenz besteht zwischen §§ 239a I Alt. 1, 25 I **207** Alt. 2 und §§ 253 I, 255, 25 I Alt. 2 angesichts dessen, dass die letztere Tat im ersteren Delikt nur als Gegenstand einer (nicht zwingend verwirklichten) Absicht erscheint. Insoweit besteht also Tateinheit.

Die §§ 239a I Alt. 1, 25 I Alt. 2; §§ 253 I, 255, 25 I Alt. 2; 52 ver- **208** drängen aber §§ 239a I Alt. 2, 25 I Alt. 2, der neben diesen keinen eigenen Unrechtsgehalt aufweist.

209   Die Anstiftung zu § 239 I und § 240 I hat als Veranlassung eines anderen zu vorsätzlichem rechtswidrigem Handeln einen eigenen Unrechtsgehalt im Verhältnis zur mittelbaren Verwirklichung schwererer Delikte nach § 25 I Alt. 2. Daher treten auch diese Taten nicht im Wege der Gesetzeskonkurrenz zurück.

210   **Tipp:** Vertretbar ist, dass die Anstiftung von der mittelbaren Täterschaft bezüglich schwererer Delikte verdrängt wird.

211   Ergebnis: P ist strafbar nach §§ 239a I Alt. 1, 25 I Alt. 2; §§ 253 I, 255, 25 I Alt. 2; §§ 239 I, 26; §§ 240 I, 26; § 52.

C. Übungsfall „Gefährlicher Ruhm"

I. Aufgabenstellung

Jörn (J) und Karola (K) bemerkten, als sie morgens um 04.00 Uhr **212** durch einen Berliner Stadtpark liefen, den Linus (L), der auf einer Party allzu viel Alkohol getrunken und es daher nicht mehr nach Hause geschafft hatte, bäuchlings schlafend auf einer Parkbank liegen. Sichtbar befand sich in seiner Gesäßtasche ein Geldbeutel, der jedoch ohne Hilfsmittel nicht einfach zu entnehmen war, da die Gesäßtasche eng am Körper anlag. J forderte die K auf, ihm ihr stets mitgeführtes Springmesser (ein für den Nahkampf bestimmtes Messer) zu geben, damit er die Gesäßtasche aufschneiden und zwecks hälftiger Beuteteilung den Geldbeutel mitnehmen könne. So geschah es. J steckte dann den Geldbeutel ein, gab der K das Messer zurück, und beide wollten gerade weggehen, als L sich auf den Rücken drehte. Noch bevor er die Augen öffnete, gab ihm K, um ihn von vornherein daran zu hindern, sich den Geldbeutel zurückzuerkämpfen, einen Faustschlag ins Gesicht, durch den L bewusstlos wurde.

In diesem Moment erkannten J und K, dass L ein ihnen aus dem **213** Fernsehen bekannter Schauspieler war. Nun trugen sie nach rasch gefasstem Plan den bewusstlosen L in ihre nahe gelegene Wohnung und fesselten ihn dort, um dann, so lautete ihr Plan, erst einmal auszuschlafen und danach der Ehefrau (E) des L ein Lösegeld abzufordern. Dieses letztere Vorhaben konnten sie aber nicht mehr ausführen.

Sie waren nämlich beim Wegtragen des L von einem Zeugen (Z) **214** beobachtet worden, der sofort die Polizei einschaltete. J und K waren der Polizei aufgrund früherer Körperverletzungsdelikte als äußerst brutal bekannt, und es existierten seitens der Polizei Anhaltspunkte dafür, dass J und K im Besitz von Schusswaffen waren. Ein Sondereinsatzkommando der Polizei stürmte daher unverzüglich ihre Wohnung. Polizist Peter (P) schoss entsprechend der Befehlslage – man ging davon aus, die Täter würden nicht zögern, ihre Geisel zu töten – auf eine Person, die er in der Unübersichtlichkeit der Situation für einen der Täter hielt und auch halten durfte; tatsächlich handelte es sich um den L, der sofort starb.

Bearbeitervermerk

Prüfen Sie die Strafbarkeit von J und K nach dem Strafgesetzbuch! **215**

Die Strafbarkeit des P ist nicht zu prüfen. Erforderliche Strafanträge sind gestellt.

II. Musterlösung

216   **Tipp:** Meine Ausgangsidee für diesen Sachverhalt war die Frage, ob die tödliche Verletzung der Geisel durch eine die Befreiung bezweckende Handlung der Polizei zur Strafbarkeit nach § 239a III führt. Eine ähnliche Konstellation ist in BGHSt 33, 322 (= BGH, 2 StR 378/85, Urteil vom 18.9.1985), entschieden, aber es ist m.E. nicht zu erwarten, dass diese Entscheidung bekannt ist, ebenso wenig wie Spezialkenntnisse zur Todeserfolgsqualifikation § 239a III. Erwartet werden darf aber, dass die Bearbeiterin/der Bearbeiter hinreichend mit dem Deliktstyp Erfolgsqualifikation vertraut ist, um das gestellte Problem zu sehen und bezogen auf die objektive Zurechenbarkeit und den deliktsspezifischen Gefahrzusammenhang eine akzeptable Argumentation zu verfassen. Eine aktuelle didaktische Einführung zu allen Erfolgsqualifikationen des Pflichtbereichs gebe ich in JuS 2017, 970–974, 1061–1067.

Weitere nach der Aufgabenstellung zu klärende Fragen sind, ob auch Schlafende Gewahrsam haben (§ 249 I), was Gewalt „gegen eine Person" (§ 249 I) ist, wann man „betroffen" (§ 252) ist und wann bezogen auf die Besitzerhaltungsabsicht der Besitz eines anderen zugerechnet werden kann (§ 252). Es handelt sich jeweils um Standardfragen, deren Kenntnis erwartet wird und die auf recht kurzem Raum geklärt werden können. Die Aufgabenstellung hat nach meiner Einschätzung im Ganzen einen mittleren Schwierigkeitsgrad.

1. Erster Tatkomplex: Geschehen bis nach dem Faustschlag

217   **Tipp:** Verwenden Sie Sorgfalt auf die Frage, wie die Tatkomplexe sinnvollerweise zu bilden sind. Wichtig ist es dabei, Übersichtlichkeit und Handhabbarkeit des Falls zu erzeugen. Wichtig ist aber auch, dass nicht dogmatisch Zusammengehörendes getrennt wird, wie hier der Raub und der sich anschließende – auf diesen rekurrierende – räuberische Diebstahl. Vor diesem Hintergrund erscheint mir die hiesige Einteilung des Geschehens sinnvoll (was aber nicht alternativlos ist).

a) Strafbarkeit des J

Tipp: Die Prüfungsreihenfolge ergibt sich aus der Chronologie der **218** Handlungen; nur bezogen auf dieselbe natürliche Handlung gilt das Prinzip, dass das schwerere Delikt vorrangig zu prüfen ist.

aa) J könnte sich nach § 303 I[4] strafbar gemacht haben, indem er die Gesäßtasche zerschnitt.

Eine fremde Sache war für den J die im Eigentum des L stehende **219** Hose. J beschädigte sie durch den Schnitt. Er handelte vorsätzlich, rechtswidrig und schuldhaft und ist strafbar nach § 303 I.

Tipp: Es ist wichtig, diese Prüfung so kurz wie möglich zu halten: **220** § 303 I ist evident verwirklicht und im Vergleich zu den anderen zu prüfenden Delikten (schwerer Raub, erpresserischer Menschenraub mit Todesfolge, vgl. Strafandrohungen!) eine Bagatelle. Wenn Sie daher § 303 I hier in ausladendem Gutachtenstil prüfen, ziehen Sie sich den Vorwurf praxisferner Begutachtung zu und riskieren überdies, das Gutachten nicht zu Ende zu bringen.

Nach meiner Erfahrung als Korrektor führt das zu ausführliche Subsumieren am Beginn der Bearbeitung vielfach zu erheblichen Qualitätseinbußen, oftmals – wenn die Bearbeitung nicht zu Ende gebracht wird – zur Bewertung mit mangelhaft.

bb) J könnte sich nach §§ 249 I, 250 II Nr. 1 Alt. 1, Nr. 2 strafbar gemacht haben, indem er die Tasche zerschnitt und den Geldbeutel einsteckte.

Tipp: Der Raub ist ein zweiaktiges Delikt; zu beiden Akten sollten **221** die potentiellen Tathandlungen (Raubmittel und Wegnahme) im Obersatz genannt werden; welchen Akt Sie zuerst prüfen, steht Ihnen anheim.

(1) Objektiver Tatbestand des § 249 I

J müsste eine fremde bewegliche Sache weggenommen haben. Der **222** Geldbeutel war eine bewegliche Sache und für J, da im Eigentum des L stehend, auch fremd. Wegnahme ist der Bruch fremden und die Begründung neuen Gewahrsams, wobei Gewahrsam die willensgetragene tatsächliche Sachherrschaft ist. Der Geldbeutel befand sich in der Gesäßtasche des L, also in dessen Gewahrsamssphäre. Fraglich ist, ob

---

[4] §§ ohne Gesetzesangabe sind solche des StGB.

L trotz Schlafens Gewahrsam hatte, obwohl Schlafende aktuell keinen (Gewahrsams-)Willen bilden. Ausreichend ist aber – so entspricht es der Verkehrsanschauung – ein potentieller Gewahrsamswille, den auch Schlafende haben. L hatte also Gewahrsam. Indem J den Geldbeutel ergriff, hob er dessen Gewahrsam auf und begründete neuen eigenen. Dies geschah auch als Bruch, nämlich ohne den Willen des L. J nahm ihm also den Geldbeutel weg.

223   J könnte mittels Gewalt gegen eine Person weggenommen haben. Gewalt ist körperlich wirkender Zwang zwecks Überwindung eines erwarteten oder geleisteten Widerstands. Die Tasche zu zerschneiden wirkte körperlich (Substanzverletzung) und hatte den Zweck, den Stoff als Wegnahmehindernis zu beseitigen. Es handelte sich also um Gewalt.

224   Diese müsste auch gegen eine Person gerichtet gewesen sein. Wegnahmehindernis war der Stoff der Hosentasche, weil er bewirkte, dass der Geldbeutel eng am Körper des L anlag. Den Stoff zu durchschneiden hatte also die Wirkung, Objekt und Person gewaltsam voneinander zu trennen, wirkte also auch direkt gegen L als Person. J realisierte also dieses Merkmal.

225   **Tipp:** Man kann ebenso gut das Merkmal enger auslegen und hier als nicht erfüllt ansehen. Dann sind die §§ 242 I, 244 I Nr. 1 lit. a Alt. 1 sowie § 240 I zu prüfen; letztere Norm fordert ebenfalls „Gewalt", aber anders als § 249 I nicht „gegen eine Person"; problematisieren kann man, ob Schlafende zur Duldung einer Handlung genötigt werden können.

226   Das Zerschneiden bezweckte auch die Wegnahme des Geldbeutels, sodass der erforderliche Finalzusammenhang gegeben ist.

(2) Subjektiver Tatbestand des § 249 I

227   J handelte vorsätzlich. Er müsste auch in der Absicht rechtswidriger Zueignung gehandelt haben. Er wollte L dauerhaft enteignen, das heißt ihm den Geldbeutel samt Inhalt dauerhaft entziehen, sowie sich selbst und K beides aneignen, nämlich die Eigentümerstellung anmaßen. J wusste auch, dass diese Zueignung mangels bestehenden Anspruchs rechtswidrig war. Er erfüllte den subjektiven Tatbestand.

(3) Tatbestand des § 250 II Nr. 1 Alt. 1

228   Waffen sind bewegliche Sachen, die ihrer Art nach zur Verursachung erheblicher Verletzungen von Personen generell geeignet und bestimmt sind, was auf das für den Nahkampf bestimmte Springmesser objektiv zutrifft. Dieses verwendete J auch objektiv, setzte es nämlich

im Rahmen seiner Gewaltanwendung ein. Diesen objektiven Qualifikationstatbestand verwirklichte J auch vorsätzlich, also subjektiv tatbestandsmäßig.

(4) Tatbestand des § 250 II Nr. 2

Objektiv müsste J danach den Raub als Mitglied einer Bande begangen haben (§ 250 I Nr. 2). Allerdings erfordert eine Bande mindestens drei Personen, so dass das Merkmal nicht erfüllt ist. **229**

Tipp: Diese Prüfung ist entbehrlich. **230**

(5) Rechtswidrigkeit und Schuld

J handelte rechtswidrig und schuldhaft. **231**

(6) Ergebnis

J ist strafbar nach §§ 249 I, 250 II Nr. 1 Alt. 1. **232**

cc) Die Strafbarkeit des J nach § 240 I wegen derselben Handlungen tritt zurück.

Tipp: Das muss nicht erwähnt werden. **233**

dd) Zwischenergebnis

Die Sachbeschädigung und der schwere Raub waren vom selben Entschluss getragen, stehen demnach in Handlungseinheit. Da die Delikte unterschiedliche Rechtsgüter schützen, stehen sie in Tateinheit. J ist strafbar nach §§ 249 I, 250 II Nr. 1 Alt. 1, 303 I, 52. **234**

b) Strafbarkeit der K

Tipp: Die Prüfungsreihenfolge ergibt sich hier – bei Verwirklichung der Delikte durch dieselbe natürliche Handlung (nämlich das Hinreichen des Messers, das die Zurechnung nach § 25 II möglich macht) – aus der Deliktsschwere. **235**

aa) K könnte sich nach §§ 249 I, 250 II Nr. 1 Alt. 1, 25 II strafbar gemacht haben, indem sie J das Messer reichte.

(1) Objektiver Tatbestand

J verwirklichte die §§ 249 I, 250 II Nr. 1 Alt. 1 (s.o.). Fraglich ist, ob eine Zurechnung nach § 25 II zu Lasten der K als Mittäterin erfolgt. Objektiv muss ein ausreichender Tatbeitrag vorliegen. Die strenge Tatherrschaftslehre fordert einen Tatbeitrag im Ausführungsstadium, **236** der hier nicht gegeben ist, da K weder selbst Gewalt anwendete noch etwas wegnahm. Diese Theorie verkennt aber, dass wesentliche, nämlich tatbestimmende Beiträge auch außerhalb des Ausführungsstadiums geleistet werden können; sie ist zu schematisch und daher abzulehnen.

237   Die weitere Tatherrschaftslehre lässt auch einen (auf einem gemeinsamen Tatplan beruhenden) Tatbeitrag im Vorbereitungsstadium ausreichen, wenn dieser so wesentlich ist, dass er funktionelle Tatherrschaft begründet. Dabei ist Tatherrschaft das In-den-Händen-Halten des tatbestandsmäßigen Geschehensablaufs. Dass K dem J das Messer gab, machte die Ausführung der Tat auf die erfolgte Weise erst möglich; dem L den Geldbeutel auf andere Weise wegzunehmen zu versuchen, hätte ein deutlich höheres Misserfolgs- und auch Entdeckungsrisiko aufgewiesen. Das Messer zu übergeben, war also tatbestimmend. Nach dieser Lehre verwirklichte K also die objektiven Anforderungen an die Zurechnung nach § 25 II.

238   Nach der abgeschwächt subjektiven Theorie reicht objektiv bereits jeder unterstützende Beitrag aus, sodass K danach – erst recht – die objektiven Voraussetzungen des § 25 II erfüllte.

239   **Tipp:** Wer (gut vertretbar) der engen Tatherrschaftslehre folgt, hat § 25 II zu verneinen und sodann mit positivem Ergebnis § 27 zu prüfen.

(2) Subjektiver Tatbestand

240   K hatte Vorsatz bezogen auf die Verwirklichung der §§ 249 I, 250 II Nr. 1 Alt. 1 durch J. Die Zurechnung nach § 25 II erfordert subjektiv zunächst einen gemeinsamen Tatplan, den J und K auch gefasst hatten. Wie es die Tatherrschaftslehre des Weiteren fordert, erkannte K auch das besondere Gewicht ihres Tatbeitrags für die Tatausführung. Wie es die abgeschwächt subjektive Theorie fordert, handelte K auch mit Täterwillen *(animus auctoris)*, wollte die Tat nämlich aufgrund des erheblichen Eigeninteresses (hälftige Beuteteilung) als eigene. Auch die subjektiven Zurechnungsvoraussetzungen verwirklichte K also. Sie erfüllte den subjektiven Tatbestand.

(3) Rechtswidrigkeit und Schuld

241   K handelte auch rechtswidrig und schuldhaft.

(4) Ergebnis

242   K ist strafbar nach §§ 249 I, 250 II Nr. 1 Alt. 1, 25 II.

bb) K ist wegen derselben Handlung strafbar nach §§ 303 I, 25 II.

cc) K könnte sich nach §§ 252, 250 I Nr. 1 lit. a Alt. 1 strafbar gemacht haben, indem sie L mit der Faust schlug.

(1) Objektiver Tatbestand des § 252

K müsste zunächst bei einem Diebstahl auf frischer Tat betroffen **243** worden sein. Der im Raub enthaltene Diebstahl war taugliche Vortat und auch „frisch", nämlich gerade erst vollendet. Fraglich ist, ob K „betroffen" wurde. Nicht erforderlich ist hierfür, dass der andere den Täter als Vortäter erkennt oder überhaupt erkennt, dass eine Vortat stattgefunden hat. Fordern kann man zur Merkmalserfüllung jedoch, dass der andere den Täter vor der Attacke wenigstens wahrgenommen hat. L, der bis zur Attacke der K die Augen geschlossen hielt, nahm sie nicht wahr, hätte K demnach nicht betroffen. Der Wortlaut erzwingt diese Auslegung allerdings nicht. Und nach dem Zweck der Vorschrift ist nicht zu erkennen, weshalb es wesentlich sein sollte, ob erst der Täter den anderen bemerkt oder umgekehrt. Auch würde eine dahingehende Auslegung denjenigen Täter unbillig privilegieren, der erfolgreich Vorkehrungen trifft, Herannahende zuerst zu sehen. Betroffen wird demnach auch derjenige Täter, den der andere jederzeit hätte wahrnehmen können. L konnte jederzeit die Augen öffnen und K bemerken, so dass K nach dieser Merkmalsinterpretation „betroffen" war.

Tipp: Die Gegenauffassung, also die engere Auslegung des Merk- **244** mals „betroffen", ist vertretbar, an dessen Fehlen dann die Strafbarkeit des K nach § 252 scheitert. K ist bezüglich dieser Handlung dann im Ergebnis nur strafbar nach §§ 223 I, 240 I, 52.

K übte mit dem Faustschlag gegen den L auch Gewalt gegen eine **245** Person. Sie verwirklichte den objektiven Tatbestand.

(2) Subjektiver Tatbestand des § 252

K handelte vorsätzlich. Zudem müsste sie in Beutebesitzerhaltungs- **246** absicht gehandelt haben. Sie war zwar selbst nicht im Besitz der Beute; allerdings wird ihr der Beutebesitz des J nach § 25 II zugerechnet. K handelte auch, um zu verhindern, dass sich L den Geldbeutel zurückerkämpfte, handelte also in Besitzerhaltungsabsicht. Sie erfüllte den subjektiven Tatbestand des § 252.

Tipp: Diese Besitzzurechnung ist dogmatisch bemerkenswert, weil **247** nach § 25 II in erster Linie <u>Handlungen</u> eines anderen zugerechnet

werden. Aber diese Besitzzurechnung ist auch (weitgehend) anerkannt, so dass sie keiner weiteren Begründung bedarf.

Wer K nicht als Mittäterin, sondern als Gehilfin des schweren Rau-
bes eingestuft hat, kommt hier mangels Zurechenbarkeit des Beute-
besitzes zu einem negativen Ergebnis (§§ 26, 27 begründen keine
Zurechnung, sondern akzessorische Haftung).

(3) Tatbestand des § 250 I Nr. 1 lit. a Alt. 1

248   Objektiv war das Springmesser eine Waffe. K führte es auch bei
sich, hatte es nämlich einsatz- und griffbereit. Sie erfüllte also objektiv
diese Qualifikation und handelte dabei auch subjektiv tatbestandsmäßig, nämlich vorsätzlich.

(4) Rechtswidrigkeit und Schuld

249   K handelte auch rechtswidrig und schuldhaft.

(5) Ergebnis

250   K ist strafbar nach §§ 252, 250 I Nr. 1 lit. a Alt. 1.

*dd) K könnte sich wegen derselben Handlung nach §§ 223 I, 224 I
Nr. 4 strafbar gemacht haben.*

(1) Grundtatbestand § 223 I

251   Objektiv misshandelte K mit dem Faustschlag den L körperlich.
Auch rief sie eine Gesundheitsschädigung, nämlich den pathologischen
Zustand der Bewusstlosigkeit hervor. K handelte hierbei vorsätzlich,
realisierte also auch subjektiv den Grundtatbestand § 223 I.

(2) Qualifikationsmerkmale des § 224

252   K könnte die Körperverletzung nach § 224 I Nr. 4 mit einem anderen gemeinschaftlich begangen haben. Hier war zwar J am Tatort
anwesend, aber dies hatte mangels Hinweisen etwa auf psychische
Unterstützung oder erhöhte Eskalationsgefahr keinerlei Auswirkung
auf den Faustschlag der K. Daher blieb § 224 I Nr. 4 objektiv unerfüllt.

(3) Rechtswidrigkeit und Schuld

253   K handelte rechtswidrig und schuldhaft.

(4) Ergebnis

254   K ist strafbar nach § 223 I.

ee) Zwischenergebnis

K verwirklichte §§ 249 I, 250 II Nr. 1 Alt. 1, 25 II und §§ 303 I, **255** 25 II tateinheitlich, § 52.

Sodann verwirklichte sie handlungseinheitlich §§ 252, 250 I Nr. 1 **256** lit. a Alt. 1 und § 223 I, was angesichts der unterschiedlichen Rechtsgüter ebenfalls zur Anwendung des § 52 führt.

Zwischen den beiden Handlungen lag, ausgelöst dadurch, dass L **257** sich umdrehte, ein zäsurbildender neuer Tatentschluss, sodass insoweit Tatmehrheit (§ 53) besteht.

K hat sich also nach §§ 249 I, 250 II Nr. 1 Alt. 1, 303 I, 25 II, 52; **258** §§ 252, 250 I Nr. 1 lit. a Alt. 1, 223 I, 52; § 53 strafbar gemacht.

c) Strafbarkeit des J

Eine Strafbarkeit des J wegen Beteiligung (§ 25 II oder § 27) an den **259** von K verwirklichten §§ 252, 250 I Nr. 1 lit. a Alt. 1 und § 223 I scheitert schon mangels – irgendeines – objektiven Tatbeitrags des K.

> **Tipp:** Da im Rahmen der Prüfung der Strafbarkeit der K nach **260** § 224 I Nr. 4 bereits festgestellt wurde, dass J nicht beteiligt war, reicht diese kurze Erwähnung aus.

2. Zweiter Tatkomplex: Geschehen nach dem Faustschlag der K

a) J und K könnten sich nach §§ 239a I Alt. 1, III, 25 II strafbar gemacht haben, indem sie L in ihre Wohnung trugen und fesselten.

aa) Objektiver Tatbestand des § 239a I Alt. 1

> **Tipp:** § 239a I bildet selten den Schwerpunkt einer Klausur. Be- **261** kannt sein sollte Ihnen aber: Die Norm enthält zwei ganz unterschiedlich strukturierte Tathandlungsvarianten. Die erste erfordert objektiv lediglich ein (Entführen oder anders geartetes) Bemächtigen, subjektiv überschießend die Erpressungsabsicht. Hingegen erfordert die zweite Alternative, dass der Täter sich des Opfers (durch Entführung oder anders) bemächtigt hat und dann auch objektiv erpresst, wobei er allerdings den Erpressungsvorsatz im Zeitpunkt der Bemächtigung noch nicht gefasst haben muss. Es ist daher wichtig, dass Sie insoweit klar differenzieren und zu diesem Zweck bereits im Obersatz § 239a I präzise („Alt. 1" oder „Alt. 2") zitieren. § 239b I ist übrigens insoweit strukturanalog aufgebaut.

J und K könnten gemeinschaftlich einen Menschen entführt haben. **262** Entführen ist das Verbringen des Opfers an einen anderen Ort, an dem es dem ungehemmten Einfluss des Täters ausgesetzt ist. Indem J und K den L in ihre Wohnung trugen und fesselten, brachten sie ihn an einen anderen Ort, an dem sie das Geschehen ausschließlich beherrschten. Sie entführten ihn also, und dies in beiderseitiger Tatherrschaft.

263 **Tipp:** Dass im Zwei-Personen-Verhältnis (d.h. wenn Bemächtigungs- und planmäßiges Erpressungsopfer identisch sind) nach der betreffenden teleologischen Reduktion der Norm durch den BGH das schlichte „Bemächtigen" nicht ausreicht, sondern eine „stabile Bemächtigungslage" erzeugt werden muss, ist hier nicht zu erwähnen, da J und K ohnehin das anspruchsvollere „Entführen" verwirklichten und überdies auch die Sorge der Ehefrau (also einer „Dritten") ausnutzen wollten.

bb) Subjektiver Tatbestand des § 239a I Alt. 1

264 J und K handelten vorsätzlich. Sie müssten außerdem die Sorge eines Dritten um das Wohl des Opfers zu einer Erpressung haben ausnutzen wollen. Sie wollten an E herantreten und dieser – davon ist auszugehen – androhen, dem L ein körperliches empfindliches Übel anzutun. Sie beabsichtigten, dass der Einsatz dieses Nötigungsmittels die E aufgrund ihrer Sorge um L dazu bewegen werde, ihnen, als Nötigungserfolg, Lösegeld zukommen zu lassen, mithin eine Vermögensverfügung vorzunehmen. Daraus sollte der E ein entsprechender Vermögensschaden erwachsen und ihnen selbst eine Bereicherung, die, wie sie wussten, mangels Anspruchs auch rechtswidrig gewesen wäre. J und K wollten also die Sorge der E um das Wohl des L zu einer Erpressung ausnutzen. Sie verwirklichten auch den subjektiven Tatbestand des § 239a I Alt. 1.

265 Zudem handelten J und K nach einem gemeinsamen Tatplan und wollten die Tat beide als eigene. Auch die subjektiven Voraussetzungen des § 25 II sind also erfüllt.

cc) J und K handelten rechtswidrig und schuldhaft.

dd) Erfolgsqualifikation § 239a III

266 (1) Der Qualifikationserfolg trat mit dem Tod des L ein. Er beruhte auch kausal auf der Entführung, da ohne diese P nicht seinen für L tödlichen Befreiungsversuch unternommen hätte.

267 (2) Diesen Tod müssten J und K objektiv leichtfertig verursacht haben, müssten also bezogen auf das Leben des L in besonders erhöhtem Maß fahrlässig gehandelt haben. Einen anderen zwecks Erpressung eines Lösegelds zu entführen, bringt diesen nach der kriminalistischen Erfahrung in besonders erhöhte Lebensgefahr. Bereits hierdurch und ohne dass J und K eine besonders lebensgefährliche Situation hatten schaffen müssen, handelten sie also objektiv leichtfertig bezogen auf das Leben des L.

> **Tipp:** Mit dieser Argumentation ist die objektive Leichtfertigkeit **268** bei Verwirklichung des Grundtatbestands faktisch indiziert, entfällt also nur in Ausnahmekonstellationen. So handhabt es auch die Praxis, was von der herrschenden Linie nicht massiv angegriffen wird. Mit anderen Worten wird die „Leichtfertigkeit" nicht als starker Filter eingesetzt (im Gegensatz zu den beiden folgenden Prüfungspunkten). Man kann das auch anders handhaben, also die Leichtfertigkeit enger definieren und im hiesigen Fall für nicht verwirklicht halten; dann bewegt man sich aber außerhalb des Üblichen, wovon ich hier abrate.

(3) Objektive Zurechenbarkeit: Fraglich ist, ob J und K der Tod des **269** L objektiv zugerechnet werden kann. Das erfordert, dass sich die durch die Handlung der Täter gesetzte rechtlich missbilligte Gefahr im konkreten Erfolg verwirklicht. J und K setzten, indem sie den bewusstlosen L entführten und fesselten, in verschiedener Hinsicht eine Lebensgefahr, etwa dass er infolge eines Schocks oder bei einem waghalsigem Fluchtversuch sterben konnte; nichts hiervon realisierte sich indes.

Fraglich ist vielmehr, ob J und K auch dasjenige Risiko setzten, das **270** sich tatsächlich verwirklichte, dass nämlich P im Rahmen eines Befreiungsversuchs den L erschoss. Daran kann man zweifeln, weil es P war, der mit seinem Schuss die letzte kausale Ursache für den Tod des L setzte. P könnte somit als dazwischentretender Dritter den Risikozusammenhang zwischen der Entführung und dem Tod des L unterbrochen haben. Entscheidend ist also, ob dieser Tod im Verantwortungsbereich des P oder aber trotzdem noch von J und K lag. Letzteres ist der Fall, wenn P sich von J und K zu dem Schuss herausgefordert fühlen durfte. P handelte in der Annahme, Nothilfe für L zu leisten, und war unter Zugrundelegung dieser Sachlage gerechtfertigt (und verpflichtet), auf einen vermeintlichen Täter zu schießen. Das spricht gegen eine Zurechnungsunterbrechung.

Fraglich ist allerdings, wie es sich auswirkt, dass dem P ein *error in* **271** *persona* unterlief. Grobe Fahrlässigkeit des Zweithandelnden kann die Zurechenbarkeit des Erfolgs zu Lasten des Ersthandelnden unterbrechen. Aber P handelte nicht nur nicht grob fahrlässig, sondern (da er die Geisel „für den Täter halten durfte") gar nicht fahrlässig, sondern sorgfaltskonform. Auch unter diesem Gesichtspunkt wurde also die objektive Zurechenbarkeit des Todes L zu Lasten von J und K nicht unterbrochen, sondern besteht.

272   **Tipp:** Die Gegenauffassung erscheint mir, wenn man die zur objektiven Zurechenbarkeit (bei allen strittigen Details doch allgemein) etablierten Kriterien zugrunde legt, hier kaum vertretbar, mag dies aber bei guter Begründung sein. Entscheidend für die Qualität des Gutachtens ist es jedenfalls, dass Sie die in Betracht kommenden Gründe für eine Zurechnungsunterbrechung sorgfältig erörtern.

273   (4) Deliktsspezifischer Gefahrzusammenhang

274   **Tipp:** Während man mit dem Kriterium der objektiven Zurechenbarkeit atypische Fälle ausschließt, erfordert der deliktsspezifische Gefahrzusammenhang, dass die Folge geradezu typisch war für den betreffenden Grundtatbestand. So betrachtet (und diese Betrachtung ist m.E. sehr hilfreich) ist der deliktsspezifische Gefahrzusammenhang ein objektiver Zurechnungszusammenhang mit besonders hohen inhaltlichen Anforderungen.

Verwendet wird hierfür auch der Begriff „Unmittelbarkeitszusammenhang", wovon ich aber abrate: Es geht, jedenfalls nach herrschender Linie, nicht um Unmittelbarkeit, sondern um die Frage, ob – auch <u>mittelbar</u> realisierte Erfolge – geradezu typisch, nämlich eben „deliktsspezifisch" sind; das betont übrigens auch der BGH in der hier in Bezug genommenen Entscheidung.

275   Des Weiteren ist fraglich, ob der deliktsspezifische Gefahrzusammenhang besteht. Dafür müsste sich im Tod des L ein für die Verwirklichung des Grundtatbestands geradezu typisches Risiko verwirklicht haben. Neben den typischen Lebensgefahren für das Entführungsopfer, dass es ersticken, verhungern, verdursten, infolge eines Schocks oder bei einem waghalsigen Fluchtversuch sterben könnte, ist es auch typisch, nämlich nach allgemeiner Erfahrung geradezu erwartbar, dass die Polizei Befreiungsversuche unternimmt, die – auch dies ist typisch – Schusswechsel mit sich bringen können, die wiederum – geradezu typisch – für alle Beteiligten lebensgefährlich sind. Dass in dieser Extremsituation Polizisten gezwungen sind, auf der Basis unsicherer Tatsachenkenntnis in unübersichtlicher Lage schwerwiegende Entscheidungen zu treffen, insbesondere auf eine Person zu schießen, deren Identität sie nicht zweifelsfrei erkennen können, gehört ebenfalls zum typischen Risiko bei dem Versuch, eine Geisel zu befreien. Der Tod des L steht also in deliktsspezifischem Zusammenhang.

276   **Tipp:** Sie können – mit entsprechenden Stimmen aus der Literatur – auch die Auffassung vertreten, dass der deliktsspezifische Ge-

fahrzusammenhang deutlich enger, etwa im Sinne eines Unmittel-
barkeitszusammenhangs, zu verstehen ist. Als Argument für diese
engere Auslegung sollte dann jedenfalls auch die überaus hohe
Strafandrohung herangezogen werden. Plausibler erscheint mir das
hier Entwickelte, das BGHSt 33, 322, folgt. Im dortigen Fall verse-
hentlicher Geiselerschießung durch die Polizei hat der BGH übrigens den deliktsspezifischen Gefahrzusammenhang (ad § 239b II
i.V.m. § 239a III) verneint, weil die Polizei gar nicht wusste, dass
die Täter eine Geisel genommen hatten, also nicht zwecks Befreiung, sondern ausschließlich zwecks Strafverfolgung handelten; hier
fehle, so der BGH einleuchtend, der innere Zusammenhang zwischen Grunddelikt und schwerer Folge.

Wenn Sie die Strafbarkeit von J und K nach § 239a III verneinen
(und zugleich die objektive Zurechenbarkeit für gegeben halten),
müssen Sie m.E. auch die Verwirklichung des § 239 IV verneinen;
es hat sich dann – mit positivem Ergebnis – die Prüfung der neben-
täterschaftlichen Verwirklichung des § 222 anzuschließen.

(5) Subjektive Leichtfertigkeit: J und K waren auch subjektiv in der   **277**
Lage zu erkennen, dass sie objektiv leichtfertig handelten, handelten
also auch subjektiv leichtfertig.

ee) Ergebnis: J und K sind strafbar nach §§ 239a I Alt. 1, III, 25 II.

b) J und K könnten sich wegen derselben Handlungen gem.
§§ 239b I Alt. 1, III, 25 II strafbar gemacht haben.

Objektiv entführten J und K einen Menschen und handelten dabei   **278**
vorsätzlich (s.o.). Sie müssten allerdings auch beabsichtigt haben, das
Opfer oder einen Dritten durch die Drohung mit dem Tod oder einer
schweren Körperverletzung des Opfers oder mit dessen Freiheitsentziehung von über einer Woche Dauer zu nötigen. Darüber ist nichts
bekannt, der subjektive Tatbestand also nicht erfüllt. J und K sind nicht
strafbar nach §§ 239b I Alt. 1, III, 25 II.

Tipp: Die Prüfung ist entbehrlich.   **279**

c) Die Strafbarkeit von J und K nach §§ 239 I, IV, 25 II wegen
derselben Handlungen tritt jedenfalls zurück.

Tipp: Das sollte kurz klargestellt werden, denn das Konkurrenz-   **280**
verhältnis mehrerer handlungseinheitlich verwirklichter Todeser-
folgsqualifikationen ist prinzipiell durchaus strittig.

d) Ebenso tritt die Strafbarkeit von J und K gem. § 222 (jeweils nebentäterschaftlich) wegen derselben Handlungen zurück.

281   **Tipp:** Die Prüfung ist entbehrlich.

3. Ergebnisse und Konkurrenzen

282   Zwischen den beiden Tatkomplexen lag ein zäsurbildender, neuer Tatentschluss, nachdem J und K den L als berühmten Schauspieler erkannt hatten. Insoweit besteht Tatmehrheit, § 53.

283   Gesamtergebnis:

J ist strafbar nach
    §§ 249 I, 250 II Nr. 1 Alt. 1, 303 I, 25 II, 52;
    §§ 239a I Alt. 1, III, 25 II;
    § 53.

K ist strafbar nach
    §§ 249 I, 250 II Nr. 1 Alt. 1, 303 I, 25 II, 52;
    §§ 252, 250 I Nr. 1 lit. a Alt. 1, 223 I, 52;
    §§ 239a I Alt. 1, III, 25 II;
    § 53.

Kapitel 3. Betrug

A. Vorbemerkungen

Literatur: Aufsätze: *Becker/Rönnau,* Grundwissen – Strafrecht: Der objektiv-individuelle Schadensbegriff beim Betrug (§ 263 StGB), JuS 2017, 975–979; *dies.,* Grundwissen – Strafrecht: Der Gefährdungsschaden bei Betrug (§ 263 StGB) und Untreue (§ 266 StGB), JuS 2017, 499–503; *Begemeier/Wölfel,* Betrugsschaden trotz gutgläubigen Erwerbs?, JuS 2015, 307–311; *Fock/Gerhold,* Zum Dreiecksbetrug um Forderungen, JA 2010, 511–513; *Kulhanck,* Kein Irrtum in der Examensklausur – aktuelle Probleme des § 263 StGB in der Fallbearbeitung, JA 2015, 828–834; *Wittig,* Die Absicht der rechtswidrigen Bereicherung, JA 2013, 401–406; **Übungsaufgaben:** *Braun,* Übungsfall Strafrecht: Der gierige Arzt, ZJS 2013, 188–194; *Burghardt/Bröckers,* Fortgeschrittenenklausur – Strafrecht: Diebstahl und Betrug – Der Schein trügt!, JuS 2014, 238–243; *Steinberg/Jannusch,* Immobilien zu verschenken!, JURA 2012, 330–334.

Der Betrugstatbestand, § 263 StGB, ist praktisch ein überaus be- **284** deutsames Delikt, nämlich – neben § 266 StGB – eine der Säulen des Wirtschaftsstrafrechts. Eine solch vertiefte Kenntnis der Norm, wie sie im Rahmen spezifisch wirtschaftsstrafrechtlicher Veranstaltungen (etwa im Schwerpunktstudium) vermittelt werden soll, wird im Rahmen der Pflichtfachprüfung nicht erwartet. Man verlangt Ihnen gleichwohl einen sicheren Umgang mit der Norm und die Kenntnis vielfacher Details ab.

Die folgende Aufgabe greift einige zentrale Fragestellungen heraus, **285** wobei § 263 StGB im – typischen – Kontext mit § 267 StGB und mit § 242 StGB steht. Ich habe sie im Sommersemester 2016 als Klausur in der Großen Übung gestellt.

B. Übungsfall „Luxuskarossen"

I. Aufgabenstellung

286   Tizian (T) betrieb geschäftlich den Verleih von „Luxuskarossen",
befand sich indes seit einiger Zeit in finanzieller Bedrängnis, weswegen er sämtliche Fahrzeuge, um von der B-Bank (B) Kredite zu erhalten, an diese zur Darlehenssicherung übereignet hatte. Nach der ge-
troffenen Abrede blieb B Eigentümerin der Fahrzeuge, bis T das Dar-
lehen zurückgezahlt haben würde; dem T verblieb der Besitz der Fahrzeuge, sodass er seinen Betrieb weiterführen konnte.

287   Aber auch diese Maßnahme reichte nicht aus, T's finanzielle Misere
zu beenden. Daher schmiedete er gemeinsam mit seinem Freund Va-
lentin (V) einen Plan, den beide wie folgt in die Tat umsetzten: T
übergab dem V eines der Automobile (Marktwert: 40.000,- €). V
stellte für dieses Automobil falsche Fahrzeugpapiere (Fahrzeugbrief
und Fahrzeugschein) her, in denen eine erfundene Person („Hermann
Heiter") als Eigentümer eingetragen war. V gewann sodann mittels
einer Internet-Annonce den Kuno (K) als Kaufinteressenten für das
Auto. V traf sich mit diesem und schloss mit ihm – unter Vorspiege-
lung, er, V, sei „Hermann Heiter" – einen Kaufvertrag über das Auto,
woraufhin er das Auto samt falschen Fahrzeugpapieren sofort dem K
übergab und dieser sofort den annoncierten Kaufpreis in Höhe von
40.000,- € in bar bezahlte.

288   Plangemäß meldete T kurz darauf bei der Polizei das Fahrzeug als
gestohlen, ließ es mittels GPS-Ortung ausfindig machen und durch den
nichtsahnenden Polizisten P zu ihm zurückführen; hiervon ließ sich P
auch nicht dadurch abbringen, dass ihm K verzweifelt die Fahrzeugpapiere vorlegte. Die 40.000,- € teilten sich T und V, wie zuvor vereinbart, hälftig.

Bearbeitervermerk

289   Prüfen Sie die Strafbarkeit von T und V nach dem Strafgesetzbuch!

<u>Nicht</u> zu prüfen sind die §§ 164, 145d, 185–187 StGB.

II. Musterlösung

Tipp: Diese Aufgabe ist dem Sachverhalt nachgebildet, über den in **290** BGH, 1 StR 337/14, Urteil vom 15.4.2015 = NStZ 2015, 514 f., entschieden wurde. Zentral ist die Frage, ob V und T den K betrogen. Hier muss das Gutachten also den einen zentralen Schwerpunkt bilden. Für eine gute Bewertung ist aber auch erforderlich, dass die anderen relevanten Delikte und Streitfragen gelungen bearbeitet werden.

Die §§ 164, 145d, 185–187 habe ich als Prüfungsgegenstände ausgeschlossen, weil sie – anders als die Urkunden- und die anderen Vermögensdelikte – nicht auf erhellende Weise mit § 263 interagieren und auch keine interessanten Problemstellungen mit sich bringen: T verwirklichte § 187 Hs. 1 sowie § 164 I, wohinter § 145d I zurücktritt (formelle Subsidiarität); je nachdem, welcher Theorie man zu § 25 II folgt, war V dabei Mittäter oder nur Gehilfe.

1. T könnte sich nach § 266 I[5] strafbar gemacht haben, indem er dem V das Auto überließ.

Der objektive Tatbestand erfordert in beiden Alternativen die Exis- **291** tenz einer Vermögensbetreuungspflicht. Diese zeichnet sich jedenfalls durch einen gewissen Entscheidungsspielraum bezogen auf nicht unerhebliche Vermögenswerte aus. Die Pflichten des T gegenüber der B ergaben sich aus der Sicherungsabrede, die jedoch, abgesehen von der Vermietung, keinerlei Dispositionsbefugnis des T bezüglich der Autos vorsah. Somit fehlte es am vereinbarten Entscheidungsspielraum, mithin an der Vermögensbetreuungspflicht. T ist demnach nicht strafbar nach § 266 I.

Tipp: § 266 I nicht zu prüfen, ist angreifbar; aber Sie sollten die **292** Prüfung kurz halten, um klar zu signalisieren, dass hier kein Prüfungsschwerpunkt liegt. Dass auch § 266 I Alt. 1 das (hier ungeschriebene) Merkmal der Vermögensbetreuungspflicht aufweist, ist allgemein anerkannt, so dass Sie dies ohne Erläuterung annehmen können.

---

[5] §§ ohne Gesetzesangabe sind solche des StGB.

2. Strafbarkeit von T und V

a) T und V könnten sich nach §§ 246 I, II, 25 II strafbar gemacht haben, indem T das Auto an V übergab.

293   **Tipp:** Sie können auch die Strafbarkeit von T und V hier und zu den folgenden Delikten getrennt und dann jeweils die wechselseitige Zurechenbarkeit der Tathandlungen gesondert prüfen.

Aufgrund der formellen Subsidiarität des § 246 ist dieser bezüglich derselben natürlichen Handlung (Autoübergabe von T an V) nachrangig zu prüfen, hier also zwingend <u>nach</u> § 266. Hingegen ist es zulässig und m.E. ratsam, zwecks Beachtung der Chronologie die Strafbarkeit gem. § 246 I zuerst zu prüfen, auch wenn eine spätere natürliche Handlung (hier: Übergabe des Autos von V an K) ein den § 246 I verdrängendes Delikt verwirklicht; ob beide Handlungen in Handlungseinheit stehen, es mithin tatsächlich zur Verdrängung des § 246 I kommt, ist dann erst im Rahmen der abschließenden Konkurrenzprüfung festzustellen.

aa) Grundtatbestand § 246 I

(1) Objektiver Tatbestand

294   T und V müssten sich eine fremde bewegliche Sache rechtswidrig zugeeignet haben. Das Auto, eine bewegliche Sache, war für T und V fremd, stand nämlich aufgrund der von T getätigten Sicherungsübereignung (§ 930 BGB) im Eigentum der B.

295   Eine Zueignung erfolgt durch objektive Manifestation des Aneignungs- und Enteignungswillens. Aneignung bedeutet, dass der Täter sich eine eigentümerähnliche Stellung anmaßt. Eine Enteignung setzt voraus, dass der Eigentümer aus seiner Stellung faktisch verdrängt wird, insbesondere indem ihm das Nutzungsrecht an der Sache dauerhaft entzogen wird. Indem T dem V den Wagen übergab, beseitigten beide objektiv das bestehende Besitzmittlungsverhältnis zwischen T und B (§ 868 BGB), verschafften sich selbst die volle Verfügungsgewalt über das Auto und verdrängten B faktisch aus ihrer Eigentümerposition. T und V eigneten sich den Wagen mithin beide zu. Diese Zueignung war auch rechtswidrig angesichts dessen, dass weder T noch V gegen die B einen (unbedingten) Anspruch auf Übereignung des Wagens hatten.

296   **Tipp:** Man kann hier auf den – interessanten – Gedanken kommen, dass T und V nicht die B enteignen wollten, weil sie das Auto zu-

rückführen lassen und so tun wollten, als stünde es weiterhin im (Sicherungs-)Eigentum der B und als mittele T wieder den Besitz. Das trifft aber nicht zu, denn T und V wollten das Eigentum der B durch den (gutgläubigen) Erwerb des K dauerhaft beseitigen, und auch die Beseitigung der Eigentümerstellung ist eine „Enteignung" im Sinne der (auf §§ 242 I, 246 I bezogenen) Zueignungsdogmatik.

Objektiv mittäterschaftlich handelten T und V nach dem Maßstab **297** der Tatherrschaftslehre, indem sie bei der Übergabe des Autos das Geschehen arbeitsteilig in den Händen hielten. Die (eingeschränkt) subjektive Theorie fordert objektiv lediglich irgendeinen tatfördernden Beitrag eines jeden Mittäters, den T und V ebenfalls beide leisteten. Die objektiven Voraussetzungen für eine mittäterschaftliche Unterschlagung sind also gegeben.

(2) Subjektiver Tatbestand

T und V handelten vorsätzlich. Auch handelten sie, als Vorausset- **298** zung des § 25 II, aufgrund gemeinsamen Tatplans. Das Erfordernis nach der Tatherrschaftslehre, nämlich den Vorsatz bezogen auf das funktionale Gewicht des eigenen Tatbeitrags mit Blick auf die Tatverwirklichung, wiesen ebenfalls beide auf. Die (eingeschränkt) subjektive Theorie fordert, dass die Täter die Tat als eigene wollen. T und V hatten beide ein erhebliches Eigeninteresse an der Sache und betrachteten sie als ihr gemeinsames Werk, waren also auch danach Mittäter. Sie verwirklichten tatbestandsmäßig §§ 246 I, 25 II.

bb) Qualifikation § 246 II

Die Sache könnte den Tätern objektiv anvertraut gewesen sein. Das **299** erfordert, dass dem Täter die Sachherrschaft mit der Verpflichtung eingeräumt wurde, die Sache bei Zeiten zurückzugeben oder nur zu bestimmten Zwecken zu verwenden. Eine solche Beziehung bestand wegen des Besitzmittlungskonstituts zwischen T und B. Der Wagen war dem T somit anvertraut, was T – subjektiv – auch wusste. T verwirklichte also tatbestandsmäßig § 246 II.

Für V bestand eine derartige Verpflichtung nicht. Ihm könnte zwar **300** die Verwirklichung des Merkmals seitens T nach § 25 II zugerechnet werden. Dem könnte indes § 28 II entgegenstehen, wenn das Merkmal nämlich ein besonderes persönliches war, wofür es der Person auf Dauer hätte anhaften müssen (vgl. § 14 I). Dass B dem T das Auto anvertraut hatte, war ein den T persönlich auszeichnendes, auf Dauer angelegtes Merkmal, also ein solches nach §§ 14 I, 28 II mit der Rechtsfolge, dass hier keine Zurechnung nach § 25 II zu Lasten des V erfolgt.

cc) Rechtswidrigkeit und Schuld

301   T und V handelten rechtswidrig und schuldhaft.

dd) Ergebnis

302   T ist strafbar nach §§ 246 I, 25 II, 246 II. V ist strafbar nach §§ 246 I, 25 II.

b) T und V könnten sich nach §§ 267 I Var. 1, III S. 2 Nr. 1 Alt. 2, Nr. 2, 25 II strafbar gemacht haben, indem V falsche Fahrzeugpapiere herstellte.

303   **Tipp:** Sie können auch das Herstellen gemeinsam mit dem Gebrauchen der falschen Papiere (siehe sogleich) zu prüfen. Mir scheint der hiesige (wenn auch etwas längere) Weg übersichtlicher.

aa) Objektiver Tatbestand

304   Dafür müssten die von V hergestellten Papiere unechte Urkunden gewesen sein. Eine Urkunde ist eine verkörperte Gedankenerklärung, die zum Beweis im Rechtsverkehr geeignet und bestimmt ist und ihren Aussteller erkennen lässt. Der verkörperte Gedanke in Fahrzeugschein und -brief war, dass ein bestimmtes Fahrzeug einem bestimmten Eigentümer gehörte und mit einem bestimmten Kennzeichen zugelassen war. Das ist rechtlich relevant. Prinzipiell bei dieser Art von Papieren erkennbarer Aussteller ist die zuständige Behörde. Die Fahrzeugpapiere waren also Urkunden.

305   Unecht ist eine Urkunde, wenn der vermeintliche und der tatsächliche Aussteller nicht übereinstimmen. Hier hatte nicht – wie es schien – die Zulassungsbehörde, sondern V die Fahrzeugpapiere ausgestellt. Sie waren also unecht. V verwirklichte den objektiven Tatbestand des § 267 I Var. 1.

306   Fraglich ist, ob die Handlung des V dem T gemäß § 25 II zugerechnet werden kann. Nach einem engen Verständnis der Tatherrschaftslehre erfordert die Zurechnung auch eine wesentliche Tatbeteiligung im Ausführungsstadium, die T nicht leistete. Dieses Verständnis ist aber zu schematisch und zieht nicht in Betracht, dass wesentliche Beiträge zur Tat als einem umfassenden sozial relevanten Geschehen auch außerhalb der eigentlichen Tatausführung erfolgen können, etwa bei der Vorbereitung der Tat. Diesem Konzept ist daher nicht zu folgen.

307   **Tipp:** Selbstverständlich können Sie auch der strengen Tatherrschaftslehre folgen. Danach ist T nicht Mittäter, sondern – was dann gutachterlich zu entwickeln ist – Gehilfe. Entsprechend müssen Sie dann auch bezüglich der weiteren von V – und umgekehrt von T – verwirklichten Delikte argumentieren.

Nach dem weiteren Verständnis der Tatherrschaftslehre reichte es **308** aus, dass im Plan von T und V die seitens V verwirklichte Urkundenfälschung nur dadurch einen Sinn hatte, dass T zuvor dem V das Auto übergab und es später vom Käufer zurückholen ließ. Das geplante Geschehen im Ganzen zeichnete sich also dadurch aus, dass V und T jeweils wichtige Beiträge leisteten und hierdurch arbeitsteilig das Geschehen in den Händen hielten. T war hiernach Mittäter.

Tipp: Mit der Begründung, die Urkundenfälschung selbst hätte V **309** auch ohne den sonstigen Beitrag des T verwirklichen können, sodass T gerade keine Zentralgestalt des Geschehens war, kann Mittäterschaft auch nach der gemäßigten Tatherrschaftstheorie verneint werden. Das hier Entwickelte scheint mir aber deutlich plausibler.

Mit der Erklärung, dass mit Blick auf das Gesamtgeschehen beide Beteiligten wechselseitig zentrale Beiträge leisteten, ist für die Anwendung des § 25 II auch in allen weiteren Deliktsprüfungen (sowohl bei Tatausführung seitens V als auch seitens T) schon das wesentliche Argument formuliert, so dass darauf zurückgegriffen werden kann (vgl. jeweils unten).

Die subjektive Theorie fordert objektiv lediglich irgendeinen tatför- **310** dernden Beitrag, wofür bereits die gemeinsame Tatplanung ausreichte. Die objektiven Voraussetzungen für die Zurechnung der Tathandlung des V zu Lasten des T sind demnach erfüllt.

bb) Subjektiver Tatbestand

T und V handelten vorsätzlich und in der Absicht, den Rechtsver- **311** kehr über die Unechtheit der Urkunden zu täuschen. Mit Blick auf § 25 II hatten sie den Tatplan gemeinsam gefasst, und T hatte, wie es die subjektive Theorie fordert, ein massives Eigeninteresse an der Handlung des V, wollte die Tat also als eigene. T und V erfüllten auch den subjektiven Tatbestand.

Tipp: Da die weitere Tatherrschaftslehre (nach hiesiger Deutung) **312** und die eingeschränkt subjektive Theorie im Fall zum selben Ergebnis führen, wäre es überflüssig und – grob – falsch, zu diskutieren, welcher Theorie zu folgen ist.

Gehen Sie mit § 25 II sehr sorgfältig um; nach meiner Erfahrung als Korrektor führt diesbezügliche Ungenauigkeit oft zu – massivem – Punktabzug.

cc) Rechtswidrigkeit und Schuld

313 T und V handelten rechtswidrig und schuldhaft.

dd) Besonders schwerer Fall nach § 267 III S. 2 Nr. 1 Alt. 2, Nr. 2

314 **Tipp:** Es ist hier recht offensichtlich, dass kein Regelbeispiel erfüllt ist und auch kein unbenannter schwerer Fall vorliegt. Daher ist die Prüfung des § 267 III kurz zu halten. Sie wegzulassen, ist angreifbar.

315 In Betracht als Regelbeispiel für einen besonders schweren Fall kommt § 267 III S. 2 Nr. 1 Alt. 2. Allerdings besteht eine Bande aus mindestens drei Personen, so dass V und T das Beispiel nicht erfüllten.

316 T und V könnten aber einen Vermögensverlust großen Ausmaßes nach § 267 III S. 2 Nr. 2 herbeigeführt haben. Als Grenzwert für das große Ausmaß sind indes 50.000,- € anzunehmen, wohingegen das Schadensvolumen der von T und V verwirklichten Tat nur 40.000,- € betrug. Auch dieses Regelbeispiel blieb also unerfüllt. Anhaltspunkte für das Vorliegen eines unbenannten besonders schweren Falles sind nicht ersichtlich. T und V verwirklichten keinen besonders schweren Fall.

317 **Tipp:** Mit dem vorletzten Satz stellen Sie klar, dass die Regelbeispiele nicht abschließend alle besonders schweren Fälle umfassen.

ee) Ergebnis

318 T und V sind strafbar nach §§ 267 I Var. 1, 25 II.

c) T und V könnten sich nach §§ 267 I Var. 3, 25 II strafbar gemacht haben, indem V dem K die falschen Fahrzeugpapiere vorlegte.

aa) Objektiver Tatbestand

319 Die falschen Fahrzeugpapiere waren unechte Urkunden (s.o.). Gebrauchen bedeutet, dass die Urkunden dem zu Täuschenden so zugänglich gemacht werden, dass er die Möglichkeit der Kenntnisnahme hat. V zeigte dem K die Fahrzeugpapiere und gab sie ihm dann, gebrauchte sie also. Die objektiven Voraussetzungen einer Zurechnung dieser

Handlung des V zu Lasten des T nach § 25 II sind (vgl. die Argumentation zu § 267 I Var. 1) erfüllt.

bb) Subjektiver Tatbestand

T und V handelten vorsätzlich und in Täuschungsabsicht sowie ihrem gemeinsamen Tatplan gemäß; T war (vgl. die Argumentation zu § 267 I Var. 1) Mittäter. **320**

cc) Rechtswidrigkeit und Schuld

T und V handelten rechtswidrig und schuldhaft. **321**

dd) Ergebnis

T und V sind strafbar nach §§ 267 I Var. 3, 25 II. **322**

d) T und V könnten sich nach §§ 263 I, 25 II strafbar gemacht haben, indem V unter Vorlage der falschen Fahrzeugpapiere einen Kaufvertrag mit K schloss, das Auto samt Papieren dem K überließ und sich den Kaufpreis auszahlen ließ.

aa) Objektiver Tatbestand

(1) Täuschung und Irrtum

V müsste über Tatsachen getäuscht haben. Tatsachen sind Sachverhalte der Gegenwart oder Vergangenheit, die dem Beweis zugänglich sind. V behauptete gegenüber K wahrheitswidrig, Hermann Heiter zu heißen, Eigentümer des Wagens zu sein und ihm als solcher das Eigentum übertragen zu wollen. Er täuschte den K mithin über diese Tatsachen. V rief bei K, der ihm glaubte, kausal einen entsprechenden Irrtum hervor. Die objektiven Voraussetzungen einer Zurechnung dieser Handlung des V zu Lasten des T nach § 25 II sind erfüllt. **323**

(2) Kausale Vermögensverfügung

K müsste über sein Vermögen verfügt haben, also unmittelbar vermögensmindernd gehandelt haben. Er schloss mit V einen Kaufvertrag, was einen Anspruch gegen ihn entstehen ließ, händigte dem V die Kaufsumme in bar aus (also mit Besitzverlust) und nahm – was einen ihm zustehenden Anspruch beseitigte – das Auto samt Papieren als Leistung entgegen. K tätigte also Vermögensverfügungen. Für diese hätte sein Irrtum kausal sein müssen. Hätte K gewusst, dass V seine Identität nicht preisgab und nicht der Eigentümer des Wagens war, hätte er, das muss man annehmen, das Geschäft mit V nicht abgeschlossen. Sein Irrtum war also kausal. **324**

325 **Tipp:** Da Kaufvertrag und dingliche Abwicklung hier kurz nacheinander erfolgten, ist es sinnvoll, sie alle unter das Merkmal Vermögensverfügung zu subsumieren; denn daran lässt sich die Subsumtion zum Schaden organisch anschließen.

(3) Kausaler Vermögensschaden

326   K müsste durch diese Verfügungen einen Vermögensschaden erlitten haben. Das ist der Fall, wenn das wirtschaftliche Gesamtvermögen des K in der Saldierung nach den Vermögensverfügungen geringer war als zuvor. Nach dem Abschluss des Kaufvertrags (§§ 134, 138 BGB stehen dessen Wirksamkeit nicht entgegen) hatte V einen Anspruch auf Kaufpreiszahlung in Höhe von 40.000,- € (§ 433 II BGB), dafür hatte K einen Anspruch gegen V auf Verschaffung von Eigentum und Besitz am Auto erhalten (§ 433 I BGB), das einen Marktwert von 40.000,- € hatte. Auf den ersten Blick ergibt dies einen ausgeglichenen Saldo, also keinen Schaden.

327   Durch Kaufpreiszahlung wurde K vom betreffenden Anspruch in selber Höhe frei (§ 362 I BGB). Indem V dem K das Auto auf der Basis einer entsprechenden dinglichen Einigung (ein eventueller geheimer Vorbehalt hindert nicht, vgl. § 116 S. 1 BGB] das Auto übergab (also den Besitz verschaffte), konnte er es ihm zwar – mangels Berechtigung – nicht nach § 929 S. 1 BGB übereignen. V könnte es aber nach § 932 I 1 BGB übereignet haben. K war gutgläubig, kannte nämlich weder die Nichtberechtigung des V noch hätte sie sich ihm nach den Umständen des Falls aufdrängen müssen (vgl. § 932 II BGB). Es könnte § 935 BGB entgegenstehen, wenn nämlich der B das Auto abhandengekommen war. Das setzt voraus, dass B unfreiwillig den unmittelbaren Besitz verlor. Das ist aber nicht der Fall, da sie dem T den unmittelbaren Besitz freiwillig überlassen hatte. § 935 BGB sperrt also nicht, sondern K erhielt nach § 932 I 1 BGB Eigentum am Wagen. Auch insofern ergibt sich also auf den ersten Blick ein ausgeglichener Saldo betreffend das Vermögen des K.

328 **Tipp:** Sie sehen: Ohne einen präzisen Umgang mit den zivilrechtlichen Vorschriften ist der Fall nicht zu bewältigen.

329   Anders könnte man das sehen, wenn man den gutgläubigen Erwerb vom Nichteigentümer als mit einem sittlichen Makel behaftet, mithin als minderwertig ansieht. § 263 schützt aber das Vermögen; das gutgläubig erworbene Eigentum steht (außer bei unentgeltlicher Erlangung, vgl. § 816 I 2 BGB) dem vom Berechtigten erworbenen gleich, so dass wirtschaftlich kein Minderwert besteht; der Makeltheorie ist nicht zu folgen.

Ein wirtschaftlicher Schaden könnte jedoch darin liegen, dass K **330** dem Risiko ausgesetzt war, Besitz oder Eigentum am Auto wieder zu verlieren. Diese Gefahr drohte zum einen dadurch, dass B als frühere Eigentümerin (auch gerichtlich) die Herausgabe des Autos hätte fordern können. B hatte allerdings keinen Herausgabeanspruch. Für seine Gutgläubigkeit bei Übergabe war K auch nicht beweispflichtig. Zwar wird diese bereits durch grob fahrlässiges Nichterkennen zerstört (§ 932 II BGB), so dass der Prozessausgang ungewiss war. Das allein ist indes noch nicht hinreichend greifbar und konkret, um als schadensgleiche Vermögensgefährdung interpretiert werden zu können. Insoweit war also dem K kein Schaden entstanden.

Tipp: So der BGH, 1 StR 337/14, Urteil vom 15.4.2015, Rn. 24 (= **331** NStZ 2015, 514 f.); man kann das auch anders beurteilen, also hier einen (Gefährdungs-)Schaden feststellen.

Eine hinreichend konkrete Vermögensgefährdung könnte aber darin **332** liegen, dass T und V bereits geplant hatten, das Auto mithilfe der Polizei zurückführen zu lassen. Durch die GPS-Ortung war die Möglichkeit der Rückführung nahezu sicher. Dass ein Polizist die Rückführung vornehmen werde und sich hierdurch auch nicht durch Vorlage der – wie er wusste, gefälschten – Papiere seitens K würde abbringen lassen, war ebenfalls zu erwarten. Dass T und V vom gefassten Plan Abstand nehmen würden, war nicht zu erwarten. Es bestand also von Beginn an für den K ein überaus hohes Risiko, den Besitz am Wagen sofort wieder zu verlieren. Das Eigentum am Wagen zu verlieren, drohte ihm zwar nicht; es war aber nach dem drohenden Besitzverlust und angesichts dessen, dass er nicht für den Eigentümer gehalten wurde, wirtschaftlich wertlos. K erlitt daher einen Gefährdungsschaden in voller Höhe des Werts des Wagens, also in Höhe von 40.000,- €.

Tipp: So der BGH, a.a.O, Rn. 22–26. Das ist insofern angreifbar, **333** als das Eigentum nicht durch den Besitzentzug schlicht wertlos wurde, sondern K (unter anderem) nach § 985 BGB auf Herausgabe hätte klagen können. Nicht klar ersichtlich ist insofern, warum einerseits das Prozessrisiko zu Lasten des K, wenn B ihn verklagt hätte, gering hätte sein sollen, er aber andererseits chancenlos in einem Herausgabeprozess gegen V hätte sein sollen. Es mag eine Rolle spielen, dass im Originalfall der Wagen durch mehrere Hände lief, bevor ihn ein Käufer in Polen erwarb, denn vor diesem Hintergrund konnte man annehmen, dass angesichts des besonderen Prozessaufwands keiner der Prozesse geführt worden wäre, was den Standpunkt des BGH stützt.

Sie sehen: Hier liegt der eine zentrale Schwerpunkt des Falls; wie er bewältigt wird, entscheidet über die Qualität des Gutachtens als Ganzen. Unabhängig davon, ob Sie einen Betrug für verwirklicht halten, ist (s.u. 2. e)) der Diebstahl in mittelbarer Täterschaft zu prüfen.

bb) Subjektiver Tatbestand

334   V handelte vorsätzlich. Er müsste auch in der Absicht rechtswidriger Bereicherung gehandelt haben. V wollte, dass T den Besitz am Wagen zurückerhielte, obwohl T hierauf angesichts dessen, dass K Eigentümer geworden war, keinen Anspruch hatte. V wollte also den T rechtswidrig bereichern.

335   Diese beabsichtigte Bereicherung musste stoffgleich mit dem von K erlittenen Schaden sein. Dessen Schaden bestand in dem Risiko, trotz Eigentümerstellung den Besitz am Wagen dauerhaft zu verlieren, so dass die beabsichtigte Bereicherung des T stoffgleich mit diesem Schaden war. V handelte tatbestandsmäßig.

336   **Tipp:** Die Stoffgleichheit können Sie nur begründen, indem Sie den inneren Bezug zwischen dem festgestellten (Gefährdungs-)Schaden des K und der intendierten Bereicherung des T herstellen. Es greift daher zu kurz, für die beabsichtigte Bereicherung auf den erstrebten Erhalt von Eigentum und Besitz am Bargeld abzustellen, denn deren Verlust seitens K wurde (s.o. 2. d) aa) (3)) nicht als dessen Schaden identifiziert.

337   Auch T hatte Vorsatz und dieselbe Absicht, hatte mit V gemeinsam diese Tat geplant und wollte sie als eigene, so dass die Täuschungshandlung des V dem T zuzurechnen ist. Auch T handelte tatbestandsmäßig.

cc) Rechtswidrigkeit und Schuld

338   T und V handelten rechtswidrig und schuldhaft.

dd) Ergebnis

339   T und V sind strafbar nach §§ 263 I, 25 II.

e) T und V könnten sich nach §§ 242 I, 25 I Alt. 2, 25 II strafbar gemacht haben, indem T das Auto als gestohlen meldete.

aa) Objektiver Tatbestand

P könnte als Tatmittler den Erfolg des § 242 I herbeigeführt haben. **340** Für P war das Auto, eine bewegliche Sache, als im Eigentum des K stehend fremd. P müsste das Auto weggenommen, also fremden Gewahrsam gebrochen und neuen begründet haben. Gewahrsam ist dabei die tatsächliche, willensgetragene Sachherrschaft. P hob, indem er das Auto mitnahm, gegen den Willen des K (also mittels Bruch) dessen Sachherrschaft auf und begründete eigenen Gewahrsam daran, verwirklichte also den objektiven Tatbestand eines Diebstahls.

Fraglich ist, ob P's Handlung T und V nach § 25 I Alt. 2 zugerech- **341** net werden kann. Die für das Handeln des P erforderliche kausale eigene Handlung des T bestand in seiner Anzeige des angeblichen Diebstahls.

P selbst müsste ein Strafbarkeitsdefizit aufgewiesen haben, also **342** nicht nach § 242 I strafbar sein. P erfüllte zwar den objektiven Tatbestand und handelte auch vorsätzlich. Er müsste aber auch die Absicht rechtswidriger Zueignung gehabt haben. Er wollte den K dauerhaft enteignen und dem T den Wagen zueignen; allerdings hielt P den T irrig für den rechtmäßigen Besitzer, so dass ihm der Vorsatz auf die – bestehende – Rechtswidrigkeit der Zueignung fehlte. Hierin liegt das Strafbarkeitsdefizit des P.

Die Zurechnungsvoraussetzung, dass T, gestützt auf das Defizit des **343** P, die Tat beherrschte, ergibt sich daraus, dass er im Gegensatz zu P wusste, dass ihm der Besitz am Wagen nicht mehr zustand. T hatte demnach Tatherrschaft kraft überlegenen Wissens, war also objektiv mittelbarer Täter.

Was den V betrifft, so sind die objektiven Voraussetzungen erfüllt, **344** ihm die Tathandlung des T nach § 25 II zuzurechnen.

bb) Subjektiver Tatbestand

T und V handelten vorsätzlich bezogen auf den durch P objektiv **345** verwirklichten Diebstahl sowie auch auf die Voraussetzungen der Zurechnung der Handlung des P nach § 25 I Alt. 2. Auch handelten T und V in der Absicht rechtswidriger Zueignung. Des Weiteren handelten T und V gemäß ihrem gemeinsamen Tatplan und wollten die Tat als eigene. Beide handelten mithin tatbestandsmäßig.

cc) Rechtswidrigkeit und Schuld

T und V handelten rechtswidrig und schuldhaft. **346**

dd) Ergebnis

347   T und V sind strafbar nach §§ 242 I, 25 I Alt. 2, 25 II.

3. Konkurrenzen und Ergebnisse

348   T und V realisierten alle Delikte auf der Basis desselben Tatplans. Sie haben §§ 267 I Var. 1, 25 II und §§ 267 I Var. 3, 25 II verwirklicht. Das Gebrauchmachen verdrängt, als das mit Blick auf die Sicherheit des Rechtsverkehrs gefährlichere Handeln, das Herstellen.

349   **Tipp:** Sie können mit Blick auf § 52 I Alt. 2 hier auch <u>eine</u> Verwirklichung des §§ 267 I, 25 II als Ergebnis vertreten.

350   T und V haben §§ 263 I, 25 II und §§ 242 I, 25 I Alt. 2, 25 II verwirklicht; der Diebstahl realisierte den im Betrug angelegten Gefährdungsschaden, so dass der Betrug zurücktritt.

351   **Tipp:** Sie können auch umgekehrt den Schwerpunkt des verwirklichten Unrechts beim Betrug sehen und den Diebstahl als bloße Schadensvertiefung; dann tritt letzterer zurück. Nicht plausibel ist Tateinheit, denn das käme einer materiellen Doppelbestrafung gleich.

352   Die Unterschlagung, die V beging, tritt wegen formeller Subsidiarität hinter §§ 242 I, 25 I Alt. 2, 25 II zurück. Für die veruntreuende Unterschlagung, wie sie T beging, gilt die Anordnung der formellen Subsidiarität zwar ebenfalls, kommt aber wegen der gleich hohen Strafdrohung (vgl. § 246 II mit § 267 I und mit § 242 I) nicht zum Zuge.

353   Gesamtergebnis: T und V sind strafbar nach §§ 267 I Var. 3, 25 II; §§ 242 I, 25 I Alt. 2; 25 II; § 52. Für T tritt §§ 246 I, II, 52 hinzu.

Kapitel 4. Betrugsähnliche Delikte und Untreue

A. Vorbemerkungen

Literatur: Aufsätze: *Bock,* Erschleichen von Leistungen, § 265a StGB, JA 2017, 357–361; *Kempny,* Überblick zu den Geldkartendelikten, JuS 2007, 1084–1088; *Kraatz,* Aktuelle examensrelevante Fälle des Computerbetrugs (§ 263a StGB), JURA 2016, 875–883; *Mitsch,* Die Untreue – Keine Angst vor § 266 StGB!, JuS 2011, 97–103; **Übungsaufgaben:** *Rotsch,* Examensfall: Der untreue Betreuer, ZJS 2013, 75–86; *Schuhr,* „In die Karten geguckt", JA 2015, 189–196; *Steinberg/Stalberg,* „Amadeus und Ludwig", Ad Legendum 2010, 336–343.

Von den Delikten des „Zweiundzwanzigsten Abschnitts: Betrug und **354** Untreue" gehören – neben § 263 StGB, dazu oben Kapitel 3 – in den meisten Bundesländern die folgenden zum Pflichtstoff: §§ 263a, 265, 265a, 266, 226b StGB.

Detailkenntnisse sollten Sie haben zum Computerbetrug, § 263a **355** StGB, und in dessen Kontext sollten Ihnen auch die §§ 202a, 303a, 274 I Nr. 2 StGB bekannt sein. Kaum betreffendes Detailwissen, aber prinzipiell ein sicherer Umgang mit §§ 265, 265a StGB wird ebenfalls von Ihnen erwartet. Zu § 266 StGB, der zweiten großen Säule des Wirtschaftsstrafrechts (neben § 263 StGB), sollten Ihnen die wichtigsten Streitstände bekannt sein, und auch der Umgang mit § 266b StGB sollte Ihnen geläufig sein. Der folgende Beispielfall prüft typische Problemstellungen zu diesen Normen ab. Ich habe ihn im Sommersemester 2017 als Klausur in der Großen Übung gestellt.

B. Übungsfall „Bargeld lacht"

I. Aufgabenstellung

356   Ein einziges Mal in seinem Leben wollte Auric Aasig (A) ein „krummes Ding" drehen. Deshalb klingelte er an der Haustür des Rentners Gert Gimpel (G) und behauptete wahrheitswidrig, er, A, sei ein Mitarbeiter der B-Bank (B), auf die ein Hacker-Angriff verübt worden sei, weshalb er, A, den Auftrag habe, die von der B ausgestellten EC-Karten bei den Karteninhabern abzuholen und sicherzustellen; die Abwehr des Hacker-Angriffs erfordere dabei auch die Kenntnis der vierstelligen persönlichen Identifikationsnummer (PIN). G glaubte dem A, übergab ihm daher seine von der B ausgestellte EC-Karte und teilte ihm seine PIN mit. (Im Girovertrag zwischen der B und G fand sich übrigens nicht die Vereinbarung, dass nur der Karteninhaber persönlich mittels der Karte Geld abheben dürfe.)

357   A begab sich, wie geplant, mit der Karte sofort zum nächsten Geldautomaten der B und gab als abzuhebenden Betrag 400,- € sowie die PIN ein; da aber G gerade seine Kreditlinie vollständig ausgeschöpft hatte, gab der Automat kein Geld aus.

358   A war wütend. Da sah er zu seiner Freude direkt neben dem (außerhalb des Geschäftsraumes, nämlich an der Außenwand des Gebäudes befindlichen) Automaten eine von der B dem Rentner Reinhard Redlich (R) überlassene EC-Karte liegen. Wegen seiner starken Vergesslichkeit hatte R auf der Karte die PIN notiert, dann aber die Karte hier verloren, ohne sich nun erinnern zu können, wo das passiert sein konnte. A hob unter Verwendung von Karte und PIN 400,- € von dem Guthaben des R, das sich auf dem Konto befand, ab und behielt die Karte des R sowie auch die des G wie von Anfang an geplant zur Erinnerung.

Bearbeitervermerk

359   Prüfen Sie die Strafbarkeit des A nach dem Strafgesetzbuch!

Strafanträge sind, soweit erforderlich, gestellt.

II. Musterlösung

1. Erster Tatkomplex: Die EC-Karte des G

a) A könnte sich nach § 263 I[6] strafbar gemacht haben, indem er G erklärte, er sei Bankmitarbeiter und es habe ein Hacker-Angriff stattgefunden.

> **Tipp:** Sie können anstatt § 263 I zunächst auch § 242 I prüfen, der 360
> an der fehlenden Wegnahme (wegen freiwilliger Weggabe kein
> Bruch des Gewahrsams) scheitert; die Gegenauffassung – Interpre-
> tation des Geschehens als Trickdiebstahl – ist allenfalls bei sehr
> guter Begründung noch vertretbar.

aa) Objektiver Tatbestand

A täuschte den G über Tatsachen, indem er wahrheitswidrig be- 361
hauptete, er sei Bankmitarbeiter und es habe ein Hackerangriff stattgefunden. Er erzeugte dadurch kausal einen entsprechenden Irrtum bei G.

G müsste aufgrund dessen über sein Vermögen verfügt haben, also 362
eine unmittelbar vermögensmindernde Handlung vollzogen haben.
Durch die Übergabe seiner Geldkarte verlor er den unmittelbaren
Besitz an ihr als vermögenswerte Position. Dabei handelte er auch
hinreichend freiwillig angesichts dessen, dass er sich nicht zur Karten-
herausgabe verpflichtet glaubte. G verfügte also über sein Vermögen.

Des Weiteren müsste G einen Vermögensschaden erlitten haben, 363
das heißt eine Minderung des Vermögens als Ganzen ohne volle Kom-
pensation. G verlor den Besitz an der Karte ohne Gegenleistung, erlitt
also einen Schaden. Angesichts dessen, dass A plante, mittels der
Karte Geld vom betreffenden Konto abzuheben, kommt auch eine
schadensgleiche Vermögensgefährdung in Betracht; eine solche entfällt
aber mit Blick darauf, dass der Kreditrahmen des Kontos ausgeschöpft
war, so dass es von vornherein ausgeschlossen war, dass A Geld abhob. Ein Gefährdungsschaden entstand insoweit nicht.

> **Tipp:** Mit dem Argument, dass jederzeit ein Zahlungseingang auf 364
> das Konto erfolgen konnte (hierzu schweigt der Sachverhalt), kann
> man einen Gefährdungsschaden hier auch als gegeben ansehen.

bb) Subjektiver Tatbestand

A handelte vorsätzlich, nämlich wissentlich und willentlich. Er han- 365
delte auch in der Absicht, sich rechtswidrig zu bereichern, wusste

---

[6] §§ ohne Gesetzesangabe sind solche des StGB.

nämlich, dass er kein Recht auf den angestrebten Besitz an der Karte
hatte. A erfüllte also auch den subjektiven Tatbestand.

cc) Rechtswidrigkeit und Schuld

366   A handelte rechtswidrig und schuldhaft.

dd) Ergebnis

367   A ist strafbar nach § 263 I.

368   **Tipp:** Man kann daran denken (und das sollte nicht negativ bewertet werden), nun §§ 263 I, 22 mit Blick darauf zu prüfen, dass A
glaubte, er könne 400,- € vom Konto abheben, wonach er bereits
mit Erschleichen der Karte einen betreffenden Gefährdungsschaden
realisiert hätte. Aber der versuchte Betrug tritt bezogen auf dieselbe
Handlung und denselben Rechtsgutsträger hinter dem vollendeten
Betrug zurück, so dass es jedenfalls nicht zwingend erforderlich ist,
§§ 263 I, 22 hier zu prüfen. Die weitergehende Schädigungsabsicht
berücksichtigt die Praxis im Rahmen der Strafzumessung.

**b) A könnte sich nach § 274 I Nr. 2 strafbar gemacht haben, indem
er die Karte entgegennahm und behielt.**

369   Zur Verwirklichung des objektiven Tatbestands müsste A beweiser-
heblich Daten i.S.v. § 202a II, über die er nicht oder nicht ausschließlich verfügen durfte, unterdrückt haben. Die auf der Karte gespeicherten Daten waren Daten im Sinne der genannten Vorschrift und mit
Blick auf die Möglichkeit, mit der Karte Geld abzuheben, auch be-
weiserheblich. A hatte für sie auch keine Verfügungsbefugnis. Er
unterdrückte diese Daten auch, indem er ihre Benutzung dem Berechtigten G vorenthielt, nämlich die Karte behielt. Er erfüllte somit den
objektiven Tatbestand.

370   Subjektiv handelte A vorsätzlich und in der Absicht, einem anderen
einen Nachteil zuzufügen, indem er das Beweisführungsrecht des G
beeinträchtigen sowie – weitergehend – dessen Vermögen schädigen
wollte. Er handelte auch rechtswidrig und schuldhaft und ist strafbar
nach § 274 I Nr. 2.

371   **Tipp:** Diese – problemlose – Prüfung sollte kurz gefasst werden.
Die Norm nicht zu prüfen, ist kein gravierender Fehler.

c) Strafbarkeit nach § 246 I wegen derselben Handlungen

Eine womöglich verwirklichte Unterschlagung nach § 246 I tritt 372
hinter den verwirklichten Delikten aufgrund formeller Subsidiarität
zurück.

Tipp: Diese Prüfung ist entbehrlich. 373

d) A könnte sich wegen des Einführens der Karte in den Geldautomaten und Eingebens der PIN und des Geldbetrags nach §§ 242 I, 22 strafbar gemacht haben.

Tipp: Wenn Sie die Strafbarkeit eines Täters prüfen, der mit einer 374
Karte unberechtigt Geld am Automaten abhob, so empfiehlt sich
grundsätzlich folgende – den chronologischen Ablauf berücksichti-
gende – Prüfungsreihe:

a) Erste Tathandlungen: Einführen der Karte, Eingeben der Daten
(PIN, Geldbetrag); Strafbarkeit nach: (1) § 263 I; (2) § 263a I;
(3) § 265a I; (4) § 266 I; (5) § 266b I; (6) § 202a; (7) § 303a I

b) Zweite Tathandlungen: Ent- und Mitnahme der Geldscheine;
Strafbarkeit nach: (1) § 242 I; (2) § 246 I

Hier indes scheiterte A mit dem Versuch, Geld abzuheben. Das
unmittelbare Ansetzen zum Diebstahl kann hier allenfalls im Einführen der Karte und Eingeben der Daten liegen, so dass alle in
Betracht kommenden Delikte mit Blick auf dieselben natürlichen
Handlungen zu prüfen sind. Das legt es nahe, hier mit den §§ 242 I,
22 zu beginnen (angesichts ihres Strafrahmens sollten diese Normen jedenfalls spätestens nach dem versuchten Computerbetrug
geprüft werden).

aa) Vorprüfung

Die Tat blieb mangels Wegnahme unvollendet. Der Versuch ist 375
strafbar nach § 242 II.

bb) Tatentschluss

A müsste zur Wegnahme einer fremden, beweglichen Sache ent- 376
schlossen gewesen sein. Die Geldscheine, die A mitnehmen wollte,
waren, wie er wusste, bewegliche Sachen. Sie hätten auch fremd sein,
also in eines anderen Eigentum stehen müssen. Eigentümerin der im
Automaten befindlichen Scheine war, wie A wusste, zunächst die B.
Fraglich ist, ob, den von A beabsichtigten Geschehensablauf zugrunde

gelegt, die B-Bank das Eigentum nach § 929 S. 1 BGB an ihn übertragen hätte. Das hätte Einigung und Übergabe erfordert. Die dingliche Einigung erfolgt bei Geldausgabe am Automaten dadurch, dass der Kartennutzer ein Angebot erklärt und die Bank dieses, indem der Automat das Geld ausgibt, konkludent annimmt.

377   Fraglich ist, ob die Annahmeerklärung der B unter der aufschiebenden Bedingung, § 158 I BGB, stand, dass A zur Kartenbenutzung berechtigt war. Erschleicht der Unberechtigte vom Berechtigten Karte und PIN und hebt Geld vom gedeckten Konto ab, so liegt der Schaden letztlich beim Kontoinhaber, nicht bei der Bank (vgl. § 675v III Nr. 2 i.V.m. § 675l BGB). Angesichts dessen ist nicht ersichtlich, weshalb die Bank eine solche Bedingung gesetzt haben sollte, zumal auch in dem zwischen B und G geschlossenen Girovertrag das Geldabheben durch einen anderen als den Karteninhaber nicht ausgeschlossen war. Den Tatplan des A zugrunde gelegt, wäre also die dingliche Einigung zustande gekommen, ebenso die Verschaffung des Besitzes an den Geldscheinen. Diese wären also für den A nicht fremd gewesen. A war zum Diebstahl nicht entschlossen.

cc) Ergebnis

378   A ist nicht strafbar nach §§ 242 I, 22.

379   **Tipp:** Dieses Ergebnis schließt auch die Verwirklichung der §§ 246 I, 22 zwingend aus, weswegen sie – ganz abgesehen von der formellen Subsidiarität mit Blick auf andere verwirklichte Delikte – nicht mehr angesprochen werden muss.

Vertretbar ist auch die Gegenauffassung (Fremdheit der Scheine) mit dem Argument, dass die Bank durch die Auszahlung nicht vom Auszahlungsanspruch frei wird, sondern lediglich einen Ersatzanspruch gegen den Kontoinhaber in der betreffenden Höhe erhält, also (jedenfalls in bestimmten Konstellationen) einen Gefährdungsschaden erleidet mit Blick auf die mögliche Uneinbringlichkeit dieses Ersatzanspruchs. Dann scheitert der Tatentschluss zu § 242 I mangels Vorsatzes bezüglich des Gewahrsamsbruchs (ein Einverständnis kann nicht unter eine solche Bedingung bestellt werden); demnach verwirklichte A dann §§ 246 I, 22.

e) Strafbarkeit nach §§ 263 I, 22 wegen derselben Handlungen

380   Die Tat blieb jedenfalls mangels Vermögensschaden unvollendet. Der Versuch ist strafbar nach § 263 II. A war aber nicht zur Täuschung einer Person entschlossen, ist demnach insoweit nicht strafbar.

Tipp: Diese Prüfung ist entbehrlich.   **381**

f) A könnte sich wegen derselben Handlungen nach §§ 263a I Var. 3, 22 strafbar gemacht haben.

Tipp: Weil § 263a I mangels Schaden evident unerfüllt blieb, ist es   **382** m.E. eleganter, sogleich den Versuch zu prüfen. Sie können aber auch (ohne negative Auswirkung auf die Bewertung) den vollendeten Computerbetrug prüfen; dann ist i.R.d. objektiven Tatbestands das Merkmal „unbefugt" so zu diskutieren, wie es hier i.R.d. Tatentschlusses geschieht.

aa) Vorprüfung

Die Tat blieb mangels eingetretenen Vermögensschadens unvollen- **383** det. Der Versuch ist strafbar nach § 263a II i.V.m. § 263 II.

bb) Tatentschluss

A müsste den Vorsatz gehabt haben, das Ergebnis eines Datenver- **384** arbeitungsvorgangs durch unbefugte Verwendung von Daten zu beeinflussen. Durch das Einführen der EC-Karte und die Eingabe der PIN und des Geldbetrags wollte er Daten verwenden und hierdurch das Beeinflussen eines Datenverarbeitungsvorgangs bewirken, nämlich, als dessen stärkste Form, die Initiierung eines solchen Vorgangs.

Fraglich ist, ob A die Daten unbefugt verwenden wollte. Nach der **385** computerspezifischen Auslegung erfordert das Merkmal die Manipulation des technischen Vorgangs, also eine Software-Manipulation, an der es nach dem Plan des A fehlte.

Nach der betrugsspezifischen Auslegung ist maßgeblich, ob der Tä- **386** ter ein fiktiv an die Stelle des Computers zu setzendes menschliches Gegenüber getäuscht hätte. Hier wäre also auf einen fiktiven Bankangestellten abzustellen, bei dem A mittels Verwendung der EC-Karte Geld abgehoben hätte. Dieser hätte nur insoweit getäuscht werden können, als er die Identität des Kunden prüfte. Da sich diese in der fiktiven Situation auf die Legitimation durch Kartenbesitz und Kenntnis der PIN beschränkt hätte, hätte A den Bankangestellten nicht getäuscht, so dass A seinem Tatplan entsprechend nach der betrugsspezifischen Auslegung des Merkmals nicht unbefugt gehandelt hätte.

Nach der subjektiven Auslegung des Merkmals „unbefugt" ist, je **387** nach Spielart, auf den Willen des Karteninhabers oder des Kartenausstellers abzustellen. Die Verwendung der EC-Karte geschah, das wusste A, gegen den Willen des G und auch der B angesichts dessen, dass diese nicht davon ausgingen bzw. wollten, dass eine durch Betrug erschlichene EC-Karte verwendet würde. Nach der subjektiven Auslegung des Merkmals wollte A also unbefugt handeln. Allerdings führt diese Auslegung allzu weit und ist in ihrer Anwendung unklar (nämlich hinsichtlich der Frage, auf wessen Willen abzustellen ist). Sie ist demnach abzulehnen. Nach den verbleibenden Theorien – der computerspezifischen und der betrugsorientierten – wollte A nicht unbefugt handeln. Er war nicht zur Tat entschlossen.

dd) Ergebnis

388   A ist nicht strafbar nach §§ 263a I Var. 3, 22.

389   **Tipp:** Mit der Begründung, dass der Verwender einer EC-Karte konkludent durch die Verwendung behaupte, er sei hierzu berechtigt, und der fiktive Bankangestellte unterliege einem entsprechenden Irrtum, kann man unter Zugrundelegung der betrugsspezifischen Auslegung (entgegen ihrer Interpretation durch den BGH) die Verwirklichung des Merkmals „unbefugt" hier auch bejahen.

Selbstverständlich kann man auch – mit positivem Ergebnis – der subjektiven Auslegung folgen. Der computerspezifischen zu folgen erfordert hingegen, weil diese deutliche Mindermeinung ist, einen höheren Begründungsaufwand. Neben den dargestellten werden zahlreiche (schwer zu überblickende) Unteransätze vertreten, deren Erörterung im Gutachten indes nicht erwartet wird.

Wichtig für die Qualität der Ausführungen ist, dass klar wird, zu welchem Ergebnis die jeweiligen Auslegungsansätze im konkreten Fall führen; folgt man einem Ansatz, der zu einem anderen Ergebnis gelangt als die beiden anderen, muss man die beiden anderen entkräften. Wer hingegen (wie hier) den im Ergebnis von den beiden anderen abweichenden Ansatz verwirft, darf sich (da überflüssig) zwischen den beiden anderen nicht entscheiden. Die logische Konsistenz der Argumentation zum Merkmal „unbefugt" ist maßgeblich für die Qualität des Gutachtens im Ganzen.

Wer „unbefugt" bejaht, muss im Weiteren auch den Tatenschluss bezogen auf den Schaden bejahen und sodann auch die Strafbarkeit nach §§ 263a I, 22 im Ganzen. Dieses Delikt steht allerdings mit dem an der Haustür verübten vollendeten Betrug in Handlungseinheit und tritt als subsidiär zurück.

g) Strafbarkeit nach §§ 265a I Var. 1, 22 wegen derselben Handlungen

Die Tat blieb unvollendet, der Versuch ist nach § 265a II strafbar. **390** Die Strafbarkeit scheitert aber jedenfalls mangels Tatentschluss, nämlich daran, dass das von A avisierte Objekt ein Leistungsautomat hätte sein müssen, wohingegen A einen Geldautomaten, also Warenautomaten nutzen wollte.

> **Tipp:** Den Einsatz dieser Technik empfehle ich dringend: Prüfun- **391** gen dadurch abzukürzen, dass man sogleich das fehlende Merkmal nennt. Das ist allerdings nur zulässig, wenn der Entfall des Merkmals unstrittig und evident ist.
>
> Auch wenn diese Norm einen geringeren Strafrahmen aufweist als die folgenden, ist es m.E. in Ordnung, sie hier sogleich zu prüfen, nämlich wegen der Sachnähe zu § 263a und weil sie ohnehin unerfüllt blieb. Natürlich ist das nicht zwingend.

h) Strafbarkeit nach §§ 266 I, 22 wegen derselben Handlungen

Die Strafbarkeit scheitert daran, dass A – mangels deren Existenz – **392** keine Vermögensbetreuungspflicht zu verletzten entschlossen war.

> **Tipp:** Die Prüfung ist entbehrlich. **393**

i) Strafbarkeit nach § 266b I wegen derselben Handlungen

Die Strafbarkeit scheitert daran, dass A nicht, wie für den objekti- **394** ven Tatbestand erforderlich, berechtigter Karteninhaber war, dass kein Drei-Personen-Verhältnis mit Garantiefunktion bestand und dass auch kein Schaden eintrat.

> **Tipp:** Eine der drei Begründungen reicht aus. Hier ist Vollendung **395** zu prüfen, da der Versuch nicht strafbar ist.

j) A könnte sich wegen derselben Handlungen nach § 202a I strafbar gemacht haben.

> **Tipp:** Die §§ 202a–202d gehören z.B. in Brandenburg nicht zum **396** Pflichtstoff.

Wie es der objektive Tatbestand fordert, waren die auf der EC-Karte **397** gespeicherten Daten solche i.S.d. § 202a II. Sie waren nicht für den A bestimmt und unterlagen einer besonderen Zugangssicherung, waren nämlich nur benutzbar nach Eingabe der PIN als Geheimnummer.

Mittels deren Eingabe überwand A die Zugangssicherung und verschaffte sich unbefugt Zugang. Er erfüllte den objektiven Tatbestand.

398 **Tipp:** Mit guter Begründung kann ein Überwinden der Zugangssicherung verneint werden, da G die PIN freiwillig herausgab und kein „nicht unerheblicher zeitlicher oder technischer Aufwand" erforderlich war.

399 A handelte vorsätzlich, rechtswidrig und schuldhaft. Er ist strafbar nach § 202a I.

400 **Tipp:** Man kann hier noch kurz § 202c I erwähnen, den A verwirklichte, der aber – als Vorbereitungshandlung zu § 202a I – konkurrenzrechtlich subsidiär ist.

k) A könnte sich wegen derselben Handlungen nach §§ 303a I, 22 strafbar gemacht haben.

aa) Vorprüfung

401 Mangels Veränderung des auf der Karte gespeicherten Kontostands trat keine Vollendung ein. Der Versuch ist strafbar nach § 303a II.

bb) Tatentschluss

402 A müsste zur rechtswidrigen Veränderung von Daten entschlossen gewesen sein. Durch die beabsichtigte Abhebung des Geldes hätte er den Kontostand und damit Daten verändert. Dies sollte auch rechtswidrig geschehen, nämlich ohne den Willen der B als Daten-Verfügungsberechtigter und den des G als von der Datenveränderung Betroffenen.

cc) Unmittelbares Ansetzen

403 Indem A die Karte einführte und PIN und Geldbetrag eingab, nahm er objektiv Handlungen vor, die nach seiner Vorstellung ohne wesentliche Zwischenakte in die Tatbestandsverwirklichung münden sollten und überschritt subjektiv die Schwelle zum „Jetzt-geht-es-los", setzte also unmittelbar an.

dd) Rechtswidrigkeit und Schuld

404 A handelte rechtswidrig und schuldhaft.

ee) Ergebnis

405 A ist strafbar nach §§ 303a I, 22.

Tipp: Die Norm nicht zu prüfen, ist kein gravierender Fehler.   **406**

l) Konkurrenzen und Ergebnisse zu Tatkomplex 1

A hat § 263 I, § 274 I Nr. 2, § 202a I und §§ 303a I, 22 verwirklicht.   **407**
Sie stehen, auf demselben Tatplan beruhend, in Handlungseinheit.

Es könnte Gesetzeskonkurrenz bestehen. Aber alle Normen schüt-   **408**
zen unterschiedliche Rechtsgüter (§ 263 I das Vermögen, § 274 I das
Beweisführungsrecht des Berechtigten, § 303a die Unversehrtheit des
Datenbestands, § 202a den persönlichen und Geheimbereich), so dass
keine Gesetzeskonkurrenz besteht, sondern Tateinheit:

§§ 263 I; 274 I Nr. 2; 202a I; §§ 303a I, 22; 52.   **409**

2. Zweiter Tatkomplex: Die EC-Karte des R

Tipp: Hier wird eine streng chronologische Prüfung erwartet, wo-   **410**
nach erstens das Ergreifen der Karte, zweitens das Einführen der
Karte und die Eingabe der Daten in den Automaten, drittens die
Entnahme des Geldes zu erörtern sind.

**a) A hat sich, indem er die Karte des R aufhob, strafbar nach
§ 274 I Nr. 2 gemacht (vgl. oben 1. b)).**

**b) A könnte sich durch dieselbe Handlung nach § 242 I strafbar
gemacht haben.**

aa) Objektiver Tatbestand

Die Karte war eine bewegliche Sache und für den A auch fremd,   **411**
stand nämlich (mangels Dereliktion, vgl. § 959 BGB) im Eigentum des
R. A müsste sie weggenommen haben, müsste also zunächst den Gewahrsam, also die tatsächliche Sachherrschaft eines anderen an ihr
gebrochen haben. Der Gewahrsam, den R, bevor er sie am Automaten
verlor, gehabt hatte, war allerdings durch das Verlieren der Karte nicht
nur gelockert worden, sondern R hatte den Gewahrsam hierdurch ganz
verloren. A brach also keinen Gewahrsam, erfüllte mithin den objektiven Tatbestand nicht.

bb) Ergebnis

A ist nicht strafbar nach § 242 I.   **412**

413 **Tipp:** Das ist leicht ersichtlich. Gleichwohl wird erwartet, dass Sie § 242 I prüfen und dies mittels Gegenüberstellung der Begriffe Gewahrsamslockerung und Gewahrsamsverlust begründen.

c) Eine eventuelle Strafbarkeit nach § 246 I wegen derselben Handlung tritt jedenfalls hinter § 274 I Nr. 2 zurück.

d) A könnte sich nach § 263a I Var. 3 strafbar gemacht haben, indem er die EC-Karte in den Bankautomaten einführte und PIN und Geldbetrag eingab.

aa) Objektiver Tatbestand

414 A beeinflusste durch die genannten Handlungen das Ergebnis eines Datenverarbeitungsvorgangs durch Verwendung von Daten (vgl. oben). Fraglich ist, ob dies unbefugt erfolgte. Nach der computerspezifischen Auslegung wäre dies mangels Software-Manipulation nicht der Fall. Diese Auslegung steht jedoch dem Ziel des Gesetzgebers klar entgegen, die Lücke zu schließen, die § 263 dadurch lässt, dass man einen Computer nicht täuschen kann. Dieser Auslegung ist daher nicht zu folgen, sondern der betrugsspezifischen, die sich am genannten Ziel des Gesetzgebers orientiert.

415 **Tipp:** Im ersten Tatkomplex habe ich nur die subjektive Theorie verworfen, mich hingegen zwischen den anderen beiden nicht entschieden, weil sie im Fall zum selben Ergebnis führen. Konsequenter Weise muss ich hier nun die (bereits verworfene) subjektive Theorie unerwähnt lassen. Da ich im Folgenden die betrugsspezifische Auslegung so interpretieren werde, dass ich zu einem positiven Ergebnis im Fall gelange, war hier nun zur Tauglichkeit der computerspezifischen Auslegung Stellung zu nehmen.

Wer im ersten Tatkomplex (wie gesagt: zulässig) einen anderen Weg gewählt hat, muss auch hier anders vorgehen. Wichtig ist, dass beide Erörterungen aufeinander abgestimmt sind. Grob falsch wäre es, im selben Gutachten zuerst der einen Theorie und dann der anderen zu folgen.

416 Die betrugsspezifische Auslegung fragt danach, ob ein fiktiver Bankangestellter getäuscht worden und infolgedessen einem Irrtum unterlegen wäre. Hier könnte man ebenso wie in der Konstellation des ersten Tatkomplexes davon ausgehen, dass der Benutzer einer EC-Karte gegenüber einem fiktiven Bankangestellten keine Aussage über die Nutzungsberechtigung trifft, also nicht täuscht. Plausibler ist es aber (mit der Rechtsprechung) zu differenzieren und anzunehmen, dass der Kartennutzer konkludent zumindest erklärt, den Besitz an der Karte durch freiwillige Übergabe seitens des Karteninhabers erhalten, sie also nicht entwendet oder abgenötigt zu haben. Demnach hätte A den fiktiven Bankmitarbeiter darüber getäuscht, dass er die Karte unterschlug.

Fraglich ist, ob dieser sich geirrt hätte. Das ist anzunehmen, wenn er **417** an der betreffenden Information ein wirtschaftliches Interesse gehabt hätte. Auch wenn der Bank, als dem Geschäftsherrn des Mitarbeiters, letztlich kein Schaden drohte (denn auch hier erhält die Bank im Zusammenhang damit, dass sie durch Auszahlung nicht vom Auszahlungsanspruch frei wird, einen entsprechenden Ersatzanspruch nach § 675v III Nr. 2 i.V.m. § 675l BGB), wird man doch – in einer Gesamtschau des Geschehens – annehmen müssen, dass die Bank mit dem Kartennutzer in diesen Konstellationen nicht kontrahieren will, wonach also auch hypothetisch ein Irrtum entstand. Nach der betrugsspezifischen Auslegung verwendete A die Daten also unbefugt.

> **Tipp:** Dass der BGH bezogen auf das Merkmal „unbefugt" danach **418** differenziert, ob der Täter Karte und PIN-Kenntnis (durch Betrug) erschlichen oder durch Unterschlagung, Diebstahl oder Erpressung, erlangt hat, war mein Ausgangsgedanke zur Konstruktion dieses Falls. Die Kenntnis dieser Rechtsprechung – der erste Tatkomplex ist der Entscheidung BGH, 2 StR 16/15, Beschluss vom 16.7.2015 (= NStZ 2016, 149 ff.), nachgebildet – darf man m.E. erwarten, weil es sich um eine zentrale Fragestellung zu § 263a handelt. Natürlich müssen Sie dieser Differenzierung nicht folgen – der BGH räumt im genannten Beschluss selbst ein, dass seine Rechtsprechung „nicht stets zu einem klaren Auslegungsergebnis" gelangt (!, vgl. dort Rn. 12).

B erlitt dadurch einen Schaden, dass sie trotz Auszahlung von 400.- € **419** nicht von dem betreffenden Auszahlungsanspruch aus Girovertrag frei wurde.

> **Tipp:** Sie können auch auf O als Geschädigten abstellen, der einen **420** Schaden dadurch erlitt, dass die B einen Ersatzanspruch i.H.v. 400,- € gegen ihn erhielt.

bb) Subjektiver Tatbestand

421   A handelte vorsätzlich und in der Absicht, sich durch Erlangung zumindest des Besitzes an den vom Automaten ausgegebenen Geldscheinen einen rechtswidrigen Vermögensvorteil zu verschaffen.

cc) Rechtswidrigkeit und Schuld

422   A handelte rechtswidrig und schuldhaft.

dd) Ergebnis

423   A ist strafbar nach § 263a I Var. 3.

e) A ist wegen derselben Handlungen strafbar nach § 202a I (s.o.).

f) Strafbarkeit nach § 303a I wegen derselben Handlungen

424   A hat auch § 303a I schuldhaft verwirklicht (vgl. oben). § 303a I tritt jedoch hinter § 263a I zurück mit Blick darauf, dass sich die Datenveränderung in der Verminderung des Auszahlungsanspruchs des O gegen die Bank erschöpfte.

g) A könnte sich nach § 242 I wegen der Mitnahme der Geldscheine strafbar gemacht haben.

aa) Objektiver Tatbestand

425   A müsste eine fremde, bewegliche Sache weggenommen haben. Geldscheine sind bewegliche Sachen. Fraglich ist, ob sie für den A bei Entnahme fremd waren oder ob B sie nach § 929 S. 1 BGB an ihn übereignete. Letzteres wäre nicht der Fall, wenn das Übereignungsangebot der B unter der aufschiebenden Bedingung (§ 158 I BGB) stand, dass A die Karte nicht weggenommen oder abgenötigt hatte. Auch insofern ist es plausibel, dies anders zu beurteilen als bei einer durch Betrug erschlichenen Karte (s.o.). Dagegen spricht zwar wiederum, dass die Bank wirtschaftlich letztlich keinen Schaden erleidet. Aber es ist anzunehmen, dass in diesen Fällen die Bank nicht mit dem Kartenbenutzer kontrahieren und auch kein Geld übereignen will. Für den A waren die Geldscheine also fremd.

426   **Tipp:** Die andere Ansicht ist ebenso vertretbar. Wer im ersten Tatkomplex die dingliche Einigung an einer Bedingung nach § 158 I BGB hat scheitern lassen, muss dies – erst recht – auch hier tun, ohne es noch näher auszuführen.

A müsste die Scheine weggenommen haben. Es fand ein Gewahr- **427** samswechsel zwischen B und A statt, indem der Automat die Scheine ausgab und A sie mitnahm. Fraglich ist, ob dies ein Gewahrsamsbruch war, also ohne oder gegen den Willen des früheren Gewahrsamsinhabers erfolgte. Anders als eine auf Übereignung gerichtete Willenserklärung ist das auf den Gewahrsamswechsel bezogene tatbestandsausschließende Einverständnis bedingungsfeindlich und seine Existenz nach dem äußerlichen Geschehensverlauf festzustellen. Nur die Bedingung der äußerlich ordnungsgemäßen Verwendung des Automaten ist daher plausibel, nicht hingegen die der Berechtigung des Kartennutzers. Wegen des Einverständnisses der B mit dem Gewahrsamswechsel fehlte es hier demnach an einer Wegnahme. A verwirklichte nicht den objektiven Tatbestand.

bb) Ergebnis

A ist nicht strafbar nach § 242 I.   **428**

Tipp: Die Gegenansicht ist nur mit guter Begründung vertretbar.   **429**

h) Strafbarkeit nach § 246 I wegen derselben Handlung

§ 246 I tritt jedenfalls aufgrund formeller Subsidiarität hinter dem **430** handlungseinheitlich verwirklichten § 263a I Var. 3 zurück.

i) Konkurrenzen und Ergebnis zu Tatkomplex 2

Von den verwirklichten Delikten sind noch zu berücksichtigen: **431** § 274 I Nr. 2; § 263a I Var. 3; § 202a I. Sie beruhten auf demselben Tatentschluss, stehen also in Handlungseinheit. Sie betreffen jeweils eigenständige Rechtsgüter, stehen also in Tateinheit, § 52.

3. Gesamtergebnis

A fasste zwischen den Tatkomplexen einen zäsurbildenden neuen **432** Tatentschluss, insoweit besteht also Tatmehrheit. A ist demnach strafbar nach
§§ 263 I; 274 I Nr. 2; 202a I; §§ 303a I, 22; 52;
§§ 274 I Nr. 2; § 263a I Var. 3; 202a I; 52;
§ 53.

Kapitel 5. Anschlussdelikte

A. Vorbemerkungen

Literatur: Aufsätze: *Jahn/Reichard,* Die Anschlussdelikte – Begünstigung (§ 257 StGB), JuS 2009, 309–312; *Jahn/Palm,* Die Anschlussdelikte – Hehlerei (§§ 259–260a StGB), JuS 2009, 501–505; **Übungsaufgaben:** *Ceffinato/Kalb,* Semesterabschlussklausur – Strafrecht: Eigentums- und Vermögensdelikte – Spontane Hilfeleistungen, JuS 2015, 808–812; *Ladiges,* Fortgeschrittenenklausur – Strafrecht: Vermögensdelikte – Der Antiquar, JuS 2014, 1095–1099.

Zu den Anschlussdelikten gehören die Begünstigung, § 257, die **433** Strafvereitelung, §§ 258–258a, die Hehlerei, §§ 259–260a, und die Geldwäsche, § 261 StGB. Die Strafvereitelung steht sachlich in engerem Kontext zu den Rechtspflegedelikten, zu ihr und zu diesen vgl. Klausurenkurs BT 1, Kapitel 4. Die Geldwäsche steht selten im Zentrum einer Aufgabenstellung, in einigen Bundesländern wie zum Beispiel in Brandenburg gehört sie auch nicht zum Pflichtstoff des staatlichen Teils der Ersten Prüfung.

Der folgende Beispielfall nimmt im Wesentlichen die Hehlerei in **434** den Blick sowie auch die Begünstigung. Anspruchsvoll an den Anschlussdelikten sind die Konsequenzen, die aus der spezifischen Beziehung zur Vortat erwachsen. Das betrifft den Gedanken, dass nur die Unrechtsperpetuierung die Strafbarkeit rechtfertigt (was in bestimmten Konstellationen zur teleologischen Tatbestandsreduktion führt), sodann das Verhältnis der Vor- und Nachtatbeteiligung, schließlich auch die Konkurrenzsituation bei Sachverhaltsunklarheit. All diese Fragestellungen umfasst die hiesige Aufgabe, die ich im Sommersemester 2017 in der Großen Übung als Klausur gestellt und für den didaktischen Zweck dieser Veröffentlichung angepasst habe.

B. Übungsfall „Merkur und Münzen"

I. Aufgabenstellung

435   Thorsten (T) schuldete dem Udo (U) 40.000,- €. Da T nichts Werthaltiges besaß außer einer in seinem Alleineigentum stehenden antiken Merkur-Statuette (Wert: 20.000,- €), schlug T dem U vor, dass er ihm die Statuette aushändigen, sodann bei der Versicherung V, bei der er die Statuette gegen Diebstahl versichert hatte, die Versicherungssumme (20.000,- €) kassieren und dem U das Geld übergeben werde, sodass sie dann quitt seien.

436   U war einverstanden. Er suchte den T in dessen Wohnung auf und ließ sich die Statuette geben. Als T kurz das Zimmer verließ, nahm U entsprechend seinem früher gefassten Tatplan aber auch noch eine im Alleineigentum des T stehende Sammlung antiker Münzen (28 Münzen, Gesamtwert: 5.000,- €) mit, die dieser in einem bestimmten Fach seiner Kommode aufbewahrt hatte.

437   T starb tags darauf an einem Herzinfarkt, bevor er einen Zahlungsanspruch bei der V geltend machen konnte. Die Statuette verkaufte und übergab U zum Preis von 20.000.- € dem Kunstliebhaber Ludwig (L), der wusste, was sie wert war, und den U davon überzeugte, er, U, habe sie „irgendwo gestohlen".

438   Vierzehn Münzen fand die Polizei später in der Wohnung des mit U befreundeten Mirko (M). Diese Münzen hatte U dem M unentgeltlich übergeben, wobei M nachweisbar – das konnte die Polizei ermitteln – über die Herkunft der Münzen informiert war. Unklar blieb aber, ob nicht M überhaupt erst den U darauf hingewiesen hatte, dass und wo T in seiner Wohnung werthaltige Münzen aufbewahrte, und ob er nicht für diesen Hinweis die vierzehn Münzen erhalten hatte.

439   Bei dem Versuch, die anderen vierzehn Münzen auf dem Schwarzmarkt zu verkaufen, geriet U an den Vermittler Frieder (F), der (gegen eine mit U vereinbarte „Provision" von 33 % des bei jedem Münzverkauf erzielten Erlöses) zunächst dem Kai (K) als potentiellem Käufer eine der Münzen anbot, ohne deren dubiose Herkunft zu verhehlen. K winkte aber ab. Daraufhin kam F auf den Gedanken, dem U anzukündigen, dass er ihn bei der Polizei verraten werde, wenn er ihm nicht sieben Münzen überlasse, was U zähneknirschend tat.

Bearbeitervermerk

440   Prüfen Sie die Strafbarkeit von U, L, M und F nach dem Strafgesetzbuch! Die §§ 132, 132a StGB sind nicht zu prüfen.

II. Musterlösung

Tipp: Der Sachverhalt enthält eine ganze Reihe von Personen und Ereignissen. Davon sollte man sich nicht erschrecken lassen, sondern Schritt für Schritt alle als Tathandlung in Frage kommenden Handlungen abarbeiten.   **441**

Es trägt m.E. zur Übersichtlichkeit der Darstellung bei, hier die Tatkomplexe nach Objekten (Statuette/Münzen) zu bilden. Das können Sie aber auch anders handhaben.

1. Erster Tatkomplex: Die Statuette

a) Strafbarkeit des U

aa) U könnte sich nach § 123 I Alt. 1[7] strafbar gemacht haben, indem er die Wohnung des T betrat.

Der objektive Tatbestand erfordert allerdings Widerrechtlichkeit des Eindringens, wohingegen U mit Einverständnis des Hausrechtsinhabers T die Wohnung betrat. Ein solches Einverständnis ist irrtumsresistent, so dass es auch nicht dadurch beeinträchtigt wurde, dass U, was T nicht wusste, bereits beschlossen hatte, die Münzen mitzunehmen. U ist also nicht strafbar nach § 123 I Alt. 1.   **442**

Tipp: Die Prüfung ist entbehrlich.   **443**

bb) U könnte sich, indem er sich die Statuette aushändigen ließ, nach §§ 263 I, 25 II, 22 zum Nachteil der V strafbar gemacht haben.

Tipp: Es geht nicht darum, dass etwa U den T getäuscht haben könnte, sondern darum, dass die Entgegennahme der Statuette diejenige Tathandlung des U sein könnte, welche Basis eines von T an der Versicherung begangenen versuchten Betrugs sein könnte.   **444**

Eine entsprechende Strafbarkeit des U würde aber jedenfalls erfordern, dass entweder er selbst zur Täuschung eines Mitarbeiters der V unmittelbar ansetzte – daran fehlt es – oder dass ihm ein unmittelbares Ansetzen des T nach § 25 II zugerechnet werden könnte; auch T setzte aber nicht zu einer Täuschungshandlung an. Unabhängig von der Frage, ob die sonstigen Voraussetzungen einer Strafbarkeit wegen   **445**

---

[7] §§ ohne Gesetzesangabe sind solche des StGB.

versuchten Betrugs in Mittäterschaft gegeben sind, scheitert sie jedenfalls mangels unmittelbaren Ansetzens. U ist insoweit nicht strafbar.

446   **Tipp:** Ich meine, dass es in der hiesigen Konstellation zwar zulässig, aber nicht günstig ist, §§ 263, 25 II, 22 schulmäßig zu prüfen,
denn das würde viel Raum in Anspruch nehmen und führt auf den
ersten Blick und evident – mangels unmittelbaren Ansetzens – zu
nichts. §§ 263, 25 II, 22 gar nicht zu prüfen, erscheint mir aber auch
angreifbar, nämlich wegen der Anordnung der formellen Subsidiarität in § 265 I a.E., die die Feststellung erheischt, dass § 263 un-
verwirklicht und unversucht blieb (auch der Versuch des § 263 I
sperrt bereits die Anwendung des § 265).

Daher meine ich, es ist in Ordnung und sogar der beste Weg, das
Entfallen des versuchten Betrugs hier in aller Kürze unter Verweis
auf das fehlende unmittelbare Ansetzen festzustellen. Ein solches
methodisches Vorgehen sollten Sie allerdings nur mit großem Be-
dacht einsetzen – angreifbar ist es, weil das unmittelbare Ansetzen
sich nach dem Tatplan bestimmt, so dass der Tatentschluss eigent-
lich ein logisch zwingend vorangehender Prüfungspunkt ist.

*cc) U könnte sich durch dieselbe Handlung nach §§ 263 I, 22, 26 oder
§§ 263 I, 22, 27 strafbar gemacht haben.*

447   Jeweils fehlt es aber an einer teilnahmefähigen Haupttat, nämlich an
einem versuchten Betrug seitens T. Auch insoweit ist U nicht strafbar.

*dd) U könnte sich durch dieselbe Handlung nach § 265 I strafbar
gemacht haben.*

(1) Objektiver Tatbestand

448   Die Statuette war taugliches Tatobjekt, nämlich eine gegen Diebstahl versicherte Sache. U müsste diese beiseitegeschafft haben. Darunter versteht man jedes räumliche Verbringen, durch das der Zugriff
der Versicherung auf die Sache wesentlich erschwert wird. U entfernte
die Statuette aus der Wohnung des T, entzog sie damit der Einwir-
kungsmöglichkeit Dritter und schaffte sie somit beiseite. Der objektive
Tatbestand ist erfüllt.

449   **Tipp:** Dass nur der Versicherungsnehmer tauglicher Täter wäre,
legen weder Wortlaut noch Sinn und Zweck des § 265 nahe.

Man kann als potentielle Tathandlung (einem anderen zu überlassen) noch nennen, dass U die Statuette an L weitergab; dies diente
aber evident nicht dem Zweck, „sich oder einem Dritten Leistungen

aus der Versicherung zu verschaffen". Es muss daher m.E. hier nicht erörtert werden.

> Es wird nicht erwartet, dass Sie Details zu § 265 kennen; erwartet wird aber, dass die Lektüre Sie befähigt, die Norm korrekt anzuwenden.

(2) Subjektiver Tatbestand

U handelte vorsätzlich, nämlich wissentlich und willentlich. Auch **450** wollte er dem T – und dann sich – eine Geldzahlung als Leistung aus der Versicherung zu verschaffen. Er erfüllte den subjektiven Tatbestand.

(3) Rechtswidrigkeit und Schuld

U handelte rechtswidrig und schuldhaft. **451**

(4) Ergebnis

U ist strafbar nach § 265 I. **452**

ee) U könnte sich nach § 263 I strafbar gemacht haben, indem er die Statuette an L „verkaufte" und übergab.

(1) Objektiver Tatbestand

U täuschte den L über die Tatsache, er habe die Statuette gestohlen. **453** L, der dem U glaubte, erlag einem entsprechenden kausalen Irrtum. L verfügte über sein Vermögen mittels Vertragsschlusses mit U. Jedoch hätte er mutmaßlich das Rechtsgeschäft erst recht abgeschlossen, wenn er gewusst hätte, dass die Statuette nicht gestohlen war, denn dann hätte er, L, anders als nach der vorgestellten Situation (vgl. §§ 932, 935 BGB) Eigentum erwerben können. Mithin war sein Irrtum nicht kausal für seine Vermögensverfügung, und der objektive Tatbestand ist nicht erfüllt.

(2) Ergebnis

U ist nicht strafbar nach § 263 I. **454**

ff) Strafbarkeit nach § 246 I wegen derselben Handlung

U könnte, indem er die Statuette dem L überließ, diese unterschla- **455** gen haben. Allerdings hätte sie dafür für ihn fremd sein müssen. T hatte ihm jedoch das Eigentum an ihr nach § 929 S. 1 BGB verschafft, so dass er § 246 I nicht verwirklichte, also insoweit nicht strafbar ist.

b) Strafbarkeit des L

*aa) L könnte sich nach § 259 I Var. 1 strafbar gemacht haben, indem
er die Statuette von U erwarb.*

(1) Objektiver Tatbestand

456   Die Statuette müsste eine Sache sein, die ein anderer durch ein
rechtswidriges Vermögensdelikt erlangt hat. U verwirklichte durch die
Erlangung der Statuette § 265 I (s.o.). Allerdings erfolgte dies mit
Einverständnis des Eigentümers T und damit auf rechtmäßige Weise.
§ 259 I soll aber die Perpetuierung einer durch die Vortat geschaffenen
rechtswidrigen Besitzlage verhindern, die hier gerade nicht entstanden
war. Nach dem Sinn und Zweck der Norm ist der objektive Tatbestand
daher nicht erfüllt.

(2) Ergebnis

457   L ist nicht strafbar nach § 259 I Var. 1.

458   **Tipp:** Die Lösung erfordert es also, den Zweck der Vorschrift und
die daraus folgenden Auslegungskonsequenzen begriffen zu haben.
Ein Anschlussdelikt hätte im hiesigen Sachverhalt allenfalls mit
Blick auf das von der Versicherung gezahlte Geld in Betracht
kommen können.

*bb) L könnte sich durch dieselbe Handlung nach §§ 259 I Var. 1, 22
strafbar gemacht haben.*

(1) Vorprüfung

459   Die Tat blieb unvollendet (s.o.). Der Versuch ist strafbar nach
§ 259 III.

(2) Tatentschluss

460   L könnte entschlossen gewesen sein, eine Sache, die ein anderer gestohlen hatte, anzukaufen. Nach seiner Vorstellung hatte U die Statuette gestohlen. Unter dem Ankauf versteht man die Erlangung des Besitzes auf Basis eines Kauf- oder kaufähnlichen Vertrags.

461   **Tipp:** Aus der Formulierung „ankauft oder sich … sonst verschafft"
wird deutlich, dass das Ankaufen ein Unterfall des Sich-
Verschaffens ist, also nicht den schuldrechtlichen, sondern den
dinglichen Teil des Geschäfts meint. Gemeint ist also das Sich-
Verschaffen auf der Basis eines Kaufvertrags – bzw. eines kaufähnlichen Vertrags, wenn nämlich Verkäufer und Käufer wissen, dass

die (nach § 433 II BGB geschuldete) Übereignung wegen § 935 BGB (etwa bei Diebstahl als Vortat) unmöglich ist.

L wollte U einen kaufähnlichen Vertrag schließen und sich die Sa- **462** che zwecks Erfüllung übergeben lassen, wollte sie also ankaufen.

Ferner müsste er in der Absicht gehandelt, haben, sich oder einen **463** Dritten durch die Tat zu bereichern, also einen Vermögensvorteil zu erlangen. L wusste, dass die Statuette, das heißt Eigentum und Besitz an ihr, 20.000.- € Wert waren. Er ging davon aus, dass ihm U nur den Besitz, nicht das Eigentum verschaffen konnte, wusste also, dass die von ihm gezahlte Summe das, was er erlangen wollte, überstieg. Mithin wollte er sich nicht selbst bereichern. Zwar wusste er, dass er den U bereichern würde; dieser war indes, als Vortäter, welchem L nur die Vorteile der Tat sichern wollte, kein „Dritter" im Sinn der Vorschrift. Dem L fehlte daher die Bereicherungsabsicht. Er war zur Tat nicht entschlossen.

(3) Ergebnis

L ist nicht strafbar nach §§ 259 I Var. 1, 22. **464**

cc) L könnte sich durch dieselbe Handlung nach § 257 I strafbar gemacht haben.

(1) Objektiver Tatbestand

Mit der Verwirklichung des § 265 I durch U (s.o.) lag zwar die er- **465** forderliche rechtswidrige Tat eines anderen vor. Vorteil für U sollte jedoch das von der Versicherung auszuzahlende Geld sein und nicht der Besitz an der Statuette oder dessen Verkaufserlös. Somit liegt keine hinreichende Hilfeleistung vor.

(2) Ergebnis

L ist nicht strafbar nach § 257 I. **466**

Tipp: Was L verwirklichte, ist eine „versuchte Begünstigung". **467** Diese ist aber nicht strafbar, daher nicht zu prüfen.

2. Zweiter Tatkomplex: Die Münzen

a) Strafbarkeit des U

*aa) U könnte sich, indem er die Münzen aus der Wohnung des T
mitnahm, nach §§ 242 I, 244 IV strafbar gemacht haben.*

(1) Objektiver Tatbestand des § 242 I

468   Die Münzen waren bewegliche Sachen und für den U, als im Eigentum des T stehend, auch fremd. U müsste sie weggenommen, also
fremden Gewahrsam gebrochen und neuen begründet haben, wobei
Gewahrsam die vom Willen getragene tatsächliche Sachherrschaft ist.
Ursprünglich hatte T über die Münzen, die sich in seiner Wohnung
(seiner Gewahrsamssphäre) befanden, wissentlich Sachherrschaft, also
Gewahrsam. Diesen hob U auf und begründete zugleich neuen eigenen, indem er die Münzen aus der Wohnung mitnahm. Der Gewahrsamswechsel war auch Bruch, erfolgte nämlich ohne den Willen des T.
U erfüllte den objektiven Tatbestand.

469   **Tipp:** Ob U bereits die Wegnahme vollendete, indem er innerhalb
der Wohnung des T eine Gewahrsamsenklave bildete, kann dahinstehen. Der Sachverhalt beschreibt hier die Geschehnisse nicht hinreichend präzise, so dass ersichtlich diese Frage auch nicht näher
erörtert werden solle.

(2) Subjektiver Tatbestand des § 242 I

470   U handelte vorsätzlich und in der Absicht, sich die Münzen rechtswidrig zuzueignen, also auch subjektiv tatbestandsmäßig.

(3) Qualifikationstatbestand § 244 IV

471   Objektiv handelte es sich bei der Wohnung des T zwar um eine
dauerhaft genutzte Privatwohnung als taugliches Objekt. U verwirklichte aber keine der nach § 244 I Nr. 3 tauglichen Tathandlungen. Es
fehlt am objektiven Tatbestand.

(4) Rechtswidrigkeit und Schuld

472   U handelte rechtswidrig und schuldhaft.

(5) Besonders schwerer Fall

473   In Betracht kommt nur das Regelbeispiel § 243 I S. 2 Nr. 2. Die
Kommode war zwar ein Behältnis, aber durch dieses wurden die Münzen nicht besonders gegen Wegnahme gesichert. Das Regelbeispiel

blieb unerfüllt. Anhaltspunkte für einen ungeschriebenen besonders schweren Fall bestehen nicht.

(6) Ergebnis

U ist strafbar nach § 242 I. **474**

Tipp: Dass U die Münzen stahl, ist evident, sollte also knapp abge-**475** handelt werden. Auch eine noch kürzere Darstellung würde ich als Korrektor hier akzeptieren und meine auch, dass die Prüfung der § 244 IV und § 243 I S. 2 Nr. 2 nicht zwingend notwendig ist.

bb) Eine Strafbarkeit des U nach § 259 I Var. 3, weil er die Münzen teils dem M, teils dem F überließ, scheidet für ihn als Vortäter aus.

cc) Die Strafbarkeit nach § 246 I wegen derselben Handlungen tritt, da wiederholte Zueignung, jedenfalls als mitbestrafte Nachtat hinter § 242 I zurück.

b) Strafbarkeit des M

Tipp: Grundsätzlich können und müssen Sie davon ausgehen, dass **476** der Sachverhalt der Aufgabenstellung eindeutig ist; wenn Sie also meinen, der Sachverhalt schweige zu einem relevanten Umstand, dann ergänzen Sie diesen lebensnah. Der Zweifelssatz – in dubio pro reo – ist hier regelmäßig fehl am Platz.

Anders ist das, wenn der Sachverhalt offen unklar ist, wenn er also explizit klarstellt, dass ein bestimmtes Faktum unbekannt ist. In drei Schritten ist diese Konstellation gutachterlich zu bewältigen: Erstens stellen Sie fest, was genau unklar ist. Zweitens prüfen Sie die Strafbarkeit der Beteiligten getrennt nach den bestehenden Sachverhaltsalternativen.

Drittens stellen Sie das Gesamtergebnis fest: Bleibt der Täter nach einer der Sachverhaltsalternativen straflos, so bleibt er wegen des Zweifelssatzes im Ganzen straflos.

Ist der Täter nach beiden Sachverhaltsalternativen strafbar, so kann er in drei verschiedenen Konstellationen „eindeutig" bestraft werden:

– erstens bei Stufenverhältnis (Beispiele: T hat entweder § 212 oder § 227 verwirklicht; dann kann er eindeutig nach § 227 bestraft werden. T ist entweder Mittäter oder Gehilfe am Raub des V; dann kann er eindeutig wegen Beihilfe bestraft werden.);

- zweitens in der Konstellation der unechten Wahlfeststellung (Beispiel: T hat als Zeuge einmal das Eine behauptet, dann dessen Gegenteil; auch wenn unklar ist, wann er log, ist er „eindeutig" nach § 153 strafbar.);
- drittens bei Prä- oder Postpendenz (Letzteres ist die hiesige Konstellation).

Ist keine eindeutige Bestrafung möglich, dann allenfalls eine solche nach der Figur der echten Wahlfeststellung.

477   Der Sachverhalt hinsichtlich M ist unklar, nämlich insoweit, als unbekannt ist, ob M dem U den Hinweis gab, dass und wo T in seiner Wohnung wertvolle Münzen versteckt hielt, und ob nicht M die Münzen als Gegenleistung für diesen Hinweis erhielt.

aa) Sachverhaltsalternative 1: M gab dem U keinen Hinweis zum Aufbewahrungsort der Münzen in der Wohnung des T.

478   (1) Eine Strafbarkeit nach §§ 242 I, 25 II entfällt dann jedenfalls mangels Tatbeitrags des M, ohne den eine Zurechnung der von U realisierten Wegnahmehandlung nicht möglich ist. Eine Strafbarkeit nach §§ 242 I, 26 entfällt mangels Anstiftungshandlung, eine Strafbarkeit nach §§ 242 I, 27 mangels Hilfeleistung.

479   (2) Strafbarkeit nach § 259 I Var. 2: M könnte sich nach § 259 I Var. 2 strafbar gemacht haben, indem er die Münzen von U entgegennahm. Wie es der objektive Tatbestand fordert, waren die Münzen taugliche Tatobjekte, da von U gestohlen worden. M verschaffte sich diese auch, ließ sich nämlich von U den Besitz an ihnen zur freien Weiterverfügung verschaffen. M handelte vorsätzlich und (angesichts dessen, dass er keine Gegenleistung erbrachte) in der Absicht, sich zu bereichern. M handelte auch rechtswidrig und schuldhaft und ist strafbar nach § 259 I Var. 2.

480   (3) Eine Strafbarkeit des M nach § 257 I wegen derselben Handlung scheitert daran, dass M die Münzen unentgeltlich erhalten, also dem U nicht die Tatvorteile sichern helfen wollte.

bb) Sachverhaltsalternative 2: M gab dem U einen Hinweis zum Aufbewahrungsort der Münzen in der Wohnung des T.

481   (1) M könnte sich nach §§ 242 I, 25 II strafbar gemacht haben, indem er den U darauf hinwies, dass und wo sich in der Wohnung des T die Münzen befanden.

482   Objektiver Tatbestand: Eine Wegnahmehandlung verwirklichte M selbst nicht. Fraglich ist, ob ihm diejenige des U (s.o.) nach § 25 II zuzurechnen ist. Dazu müsste M Mittäter gewesen sein. Den erforder-

lichen gemeinsamen Tatplan fassten M und U, indem M den Vorschlag
machte, U möge die Münzen aus Ts Wohnung stehlen, worauf U
einging.

Fordert man mit der eng verstandenen Tatherrschaftslehre für Mittä- **483**
terschaft eine Beteiligung im Ausführungsstadium, so war M mangels
einer solchen nicht Mittäter. Diese allzu schematische Lehre wird aber
dem nicht gerecht, dass auch derjenige die Tat – gesehen als sozialre-
levantes Geschehnis – wesentlich mitbestimmen kann, der außerhalb
des Ausführungsstadiums handelt. Hält man demnach mit einer weiter
verstandenen Tatherrschaftslehre auch wesentliche Beiträge im Vorbereitungsstadium für ausreichend, so fällt ins Gewicht, dass ohne den
Hinweis des M dem U die Tatausführung gar nicht möglich gewesen
wäre. Dass und wo T die Münzen versteckt hatte, hätte U nämlich –
angesichts der Anwesenheit des T in der Wohnung – kaum anders
herausfinden können. Der Hinweis war als Tatbeitrag also wesentlich,
und auch das Faktum, dass M die Hälfte der Beute als Gegenleistung
für diesen Hinweis enthielt, untermauert es, dass M hier als Mittäter
tätig wurde.

Nach der (abgeschwächt) subjektiven Theorie muss der Beteiligte **484**
die Tat als eigene wollen und einen Beitrag zu ihr leisten, um Mittäter
zu sein. Angesichts der hälftigen Beuteteilung hatte M ein erhebliches
Eigeninteresse an der Tat und leistete mit dem Hinweis einen kausalen
Tatbeitrag. Auch nach der subjektiven Theorie war er Mittäter. Er
verwirklichte also den objektiven Tatbestand.

M handelte auch vorsätzlich und in der Absicht rechtswidriger Zu- **485**
eignung, des Weiteren rechtswidrig und schuldhaft. Er ist strafbar nach
§§ 242 I, 25 II.

Tipp: Mit einer anderen Sachverhaltsinterpretation können Sie un- **486**
ter Zugrundelegung der weiteren Tatherrschaftslehre die Mittäterschaft des M auch verneinen, unter Zugrundelegung der engeren
Tatherrschaftslehre ohnehin. Dann ist er nach §§ 242 I, 26 strafbar.
Ob diese Vortatteilnahme die Täterschaft bezüglich § 259 I sperrt,
ist strittig. Entscheiden Sie sich in diesem Streit – mit dem BGH –
gegen die Sperrwirkung, dann ist M im Gesamtergebnis strafbar
nach § 259 I Var. 2 (was man problemlos feststellen kann, da M
dies nach beiden Sachverhaltsalternativen ist). Entscheiden Sie sich
für die Sperrwirkung, dann gelangen Sie zur selben Figur wie nach
dem hier eingeschlagenen Lösungsweg, nämlich zur Postpendenz,
wonach die – eindeutige – Bestrafung nach § 259 I Var. 2 letztlich
ebenfalls möglich ist (vgl. unten 2. b) cc)).

487   (2) Schwächere Teilnahmeformen (Anstiftung und Beihilfe zum Diebstahl des U) treten dahinter zurück.

488   (3) Strafbarkeit des M nach § 259 I Var. 2: Den Tatbestand des § 259 I Var. 2 erfüllte M insoweit, als er – auch nach dieser Sachverhaltsalternative – eine gestohlene Sache sich vorsätzlich und mit Bereicherungsabsicht verschaffte.

489   **Tipp:** Weil dies der Fall ist, weil also die Strafbarkeit des M nach § 259 I Var. 2 in dieser Sachverhaltsalternative <u>ausschließlich</u> daran scheitert, dass er Vortäter war, ist die Postpendenzfeststellung möglich. Wenn man hingegen in der Sachverhaltsalternative der Vortat-Täterschaft davon ausgehen muss, dass der Täter womöglich die Sache selbst wegnahm (wenn also im Sachverhalt stünde, dass unklar war, ob M nicht gemeinsam mit U die Münzen aus der Wohnung des T mitnahm), dann hätte M sich die Münzen in dieser Konstellation nicht im Sinne des § 259 I Var. 2 „verschafft". Dann wäre also eine Postpendenzfeststellung nicht möglich, eine Bestrafung also nur im Wege der echten Wahlfeststellung. Diese letztere Konstellation bildet den letzten Teil der von mir veröffentlichten Klausur „Elektrogeräte", Ad Legendum 2018, S. 49–56.

490   Aber als Vortäter war er nicht tauglicher Täter, ist also nicht nach § 259 I Var. 2 strafbar.

cc) Postpendenzfeststellung

491   M verwirklichte nach der ersten Sachverhaltsalternative § 259 I Var. 2, nach der zweiten §§ 242 I, 25 II. Es könnte daher die Figur der echten Wahlfeststellung in Betracht kommen. Das ist indes nicht erforderlich, wenn eine eindeutige Bestrafung möglich ist. Letzteres könnte die Figur der Postpendenz leisten: Sie setzt voraus, dass der Täter die Nachtat sicher verwirklicht hat und einer Strafbarkeit nach dieser ausschließlich entgegensteht, dass er womöglich die Vortat beging, also nicht tauglicher Täter der Nachtat war. So liegt es hier. In diesem Fall läuft die Anordnung, dass der Vortäter nicht Täter der Nachtat sein kann, ins Leere, denn die materielle Doppelbestrafung, die durch diese Anordnung vermieden werden soll, kann – da die Bestrafung wegen der Vortat am Zweifelssatz scheitert – ohnehin nicht eintreten. M ist also – eindeutig – nach § 259 I Var. 2 zu bestrafen.

492   **Tipp:** Postpendenz heißt wörtlich „Dahinterschweben/-hängen": Die Hehlerei ist für den Dieb als Vortäter mitbestrafte Nachtat (auch wenn der Ausschluss aus dem tauglichen Täterkreis auf Tatbestandsebene erfolgt, handelt es sich faktisch um eine Konkurrenz-

regel); ist die Bestrafung wegen der Vortat aufgrund des Zweifelssatzes nicht möglich, lebt die „dahinterschwebende" Hehlerei wieder auf.

Den umgekehrten Fall (Wiederaufleben der prinzipiell mitbestraften
Vortat) bezeichnet der Begriff Präpendenz.

c) Strafbarkeit des F

*aa) F könnte sich nach §§ 259 I Var. 3, 260 I Nr. 1 strafbar gemacht
haben, indem er dem K eine Münze zum Verkauf anbot.*

(1) Objektiver Tatbestand

Die Münze war taugliches Tatobjekt (s.o.). Als Tathandlung kommt **493**
das Absetzen in Betracht. Darunter versteht man die selbstständige
Weitergabe des Tatobjekts im Einverständnis mit dem Täter. Dabei ist
es erforderlich, dass ein Absatzerfolg eintritt, die Sache also tatsächlich
übergeben wird. Es kam allerdings nicht zu einem Absatzerfolg mit K
als Kunden, weswegen F den objektiven Tatbestand nicht erfüllte.

(2) Ergebnis

F ist nicht strafbar nach §§ 259 I Var. 3, 260 I Nr. 1. **494**

> **Tipp:** Auf dieser Linie jetzt auch die Rechtsprechung (vgl. BGH, **495**
> 3 StR 69/13, Beschluss vom 22.10.2013 = NJW 2014, 951 f.), die
> früher hingegen bereits Bemühungen, die zum Absetzen geeignet
> waren, für die Verwirklichung des objektiven Tatbestands ausrei-
> chen ließ.

*bb) F könnte sich durch dieselbe Handlung nach §§ 259 I Var. 3, 260 I
Nr. 1, 22 strafbar gemacht haben.*

(1) Vorprüfung

Die Tat blieb unvollendet (s.o.). Der Versuch ist strafbar nach **496**
§ 259 III bzw. § 260 II.

(2) Tatentschluss

F war zu einer Hehlerei nach § 259 I entschlossen, indem er die **497**
Münze als taugliches Tatobjekt an K verkaufen, mithin absetzen wollte, und dies auch in Bereicherungsabsicht („Provision") tat.

Fraglich ist, ob er auch gewerbsmäßig handeln wollte, also beab- **498**
sichtigte, sich durch wiederholte Begehung eine Einnahmequelle von
einiger Dauer und einigem Umfang zu verschaffen. Zwar wollte er
mehrere Verkäufe tätigen, nämlich die Münzen sukzessive verkaufen.

An der Gewerbsmäßigkeit fehlt es aber, wenn der Täter eine – einma-
lige – Beute lediglich stückweise verkaufen will.

499   **Tipp:** So der BGH, 1 StR 15/14, Beschluss vom 27.2.2014, Rn. 6
(= NStZ 2014, 271 f.).

500   Gewerbsmäßig wollte F also nicht handeln. Er war mithin entschlossen zu einer Hehlerei nach § 259 I Var. 3.

(3) Unmittelbares Ansetzen

501   F setzte unmittelbar an, indem er dem K die Münze zum Verkauf
anbot. Er handelte auch rechtswidrig und schuldhaft.

(4) Ergebnis

502   F ist strafbar nach §§ 259 I Var. 3, 22.

*cc) F könnte sich nach § 253 I strafbar gemacht haben, indem er dem
U ankündigte, ihn zu verraten, wenn dieser ihm nicht sieben Münzen
überließe.*

(1) Objektiver Tatbestand

503   F könnte dem U mit einem empfindlichen Übel gedroht haben.
Drohen ist das In-Aussicht-Stellen eines künftigen Ereignisses, auf das
der Täter Einfluss zu haben vorgibt. F erklärte, er werde ihn verraten,
was zur strafrechtlichen Verfolgung des U hätte führen können. F
drohte also dem U mit einem empfindlichen Übel.

F veranlasste dadurch den U kausal zu einer Handlung, nämlich ihm
die Münzen zu übergeben. Diese Übergabe war eine Vermögensverfügung, nämlich unmittelbar vermögensmindernd (Besitzverlust), so dass
irrelevant ist, ob man dieses ungeschriebene Tatbestandsmerkmal
fordert. Durch die Münzübergabe erlitt U einen Schaden, nämlich den
nicht kompensierten Verlust des Besitzes an den Münzen. F verwirklichte also den objektiven Tatbestand des § 253 I.

(2) Subjektiver Tatbestand

504   F handelte auch vorsätzlich und in der Absicht, sich rechtswidrig
(mangels bestehenden Anspruchs auf den Besitz der Münzen) zu
bereichern.

(3) Rechtswidrigkeit und Schuld

505   Er handelte zudem rechtswidrig, insbesondere verwerflich im Sinne
des § 253 II. F handelte auch schuldhaft.

(4) Ergebnis

F ist strafbar nach § 253 I. **506**

*dd) F könnte sich durch dieselbe Handlung nach § 259 I Var. 2
strafbar gemacht haben.*

Die Münzen waren taugliche Tatobjekte. Diese verschaffte sich F **507**
durch seine Erpressung gegenüber U „auf andere Weise". Der objektive Tatbestand wäre somit dem Wortlaut nach erfüllt. Die Vorschrift
bezweckt jedoch die Sanktion der Perpetuierung des Unrechts aus der
Vortat, wohingegen F durch seine Erpressung selbst neues Unrecht
schuf, was nicht vom Zweck der Vorschrift umfasst ist. Daher ist
§ 259 I Var. 2 in der vorliegenden Konstellation nicht anwendbar. F ist
insoweit nicht strafbar.

3. Gesamtergebnis

U hat im ersten Tatkomplex § 265 I verwirklicht, im zweiten **508**
§ 242 I. Der Diebstahl war zwar möglich anlässlich des Versiche-
rungsmissbrauchs, stand mit ihm aber nicht in näherem inneren Zusammenhang, daher in Tatmehrheit: §§ 242 I, 265 I, 53.

Tipp: Die gegenläufige Sachverhaltsinterpretation ist vertretbar. **509**

L bleibt straffrei. **510**
M ist strafbar nach § 259 I Var. 2.
F ist strafbar nach §§ 259 I Var. 3, 22 sowie nach § 253 I. Die Taten
erfolgten unabhängig voneinander, also tatmehrheitlich, § 53.